PITTY

El Oráculo numerológico del amor

LOS NÚMEROS SON LA RESPUESTA, SOLO NECESITAS SABER ESCUCHARLOS

KEPLER

Argentina – Chile – Colombia – España
Estados Unidos – México – Perú – Uruguay

1.ª edición Febrero 2022

Plaza de los Reyes Magos 8, piso 1.° C y D – 28007 Madrid
www.edicioneskepler.com

ISBN: 978-84-16344-63-5
E-ISBN: 978-84-18480-23-2
Depósito legal: B-30-2022

Fotocomposición: Ediciones Urano, S.A.U.

Impreso por Liberdúplex, S.L. – Ctra. BV 2249 Km 7,4
Polígono Industrial Torrentfondo – 08791 Sant Llorenç d'Hortons (Barcelona)

Impreso en España – *Printed in Spain*

A mis hijos, Amir y Jalil.
Y a la vida, que me ha dado tanto.

El amor y los números

Para mí, el amor es lo más importante de la vida.

Dicen que el amor es el motor más importante que tiene el ser humano, que es capaz de traspasar cualquier cultura o religión, que derrumba vallas y muros.

También dicen que el amor entre almas, la conexión con el otro, es lo único que nos llevamos a la otra vida, algo que nuestras memorias no podrán borrar.

Fue el amor el que me permitió emerger y multiplicar mis sueños de una vida dedicada a la numerología, con la que me conecté por primera vez cuando apenas era una niña.

Esta disciplina, con la que llevo más de treinta años trabajando, es una poderosa herramienta de autoconocimiento que nos puede ayudar en la toma de decisiones de cualquier tipo. Sin embargo, la mayoría de consultas que he recibido a lo largo de estos años están relacionadas con el amor.

Es por ello que hoy te ofrezco este oráculo. Para que puedas resolver tus dudas amorosas gracias a la numerología.

¿Qué es un oráculo?

Desde tiempos muy remotos el ser humano ha querido traspasar el velo que separa el mundo visible del maravilloso y misterioso mundo de lo invisible. Y para eso, para tratar de descubrir las encrucijadas del destino, ha estudiado con sumo cuidado —a veces con mayor o menor suerte— diferentes herramientas a lo largo de la historia.

El oráculo, ese mensaje o respuesta que las pitonisas daban en nombre de los dioses, es una de esas elevadas herramientas que conectó a la humanidad con el Cielo.

Solo necesitamos saber escucharlo.

Las preguntas llegarán. Las respuestas también.

Nada es casualidad bajo las estrellas.

Confía.

Este hermoso oráculo numerológico del amor es mi forma de ayudarte a detectar las señales y aprender a seguir tu corazón. Y, quizás, encontrar tu alma gemela; aquella a quien, con solo mirarla, te sentirás unido energéticamente.

Este libro es un GPS creado para acompañarte en tu búsqueda. Un amigo en el camino.

Con él podrás preguntar y obtener respuestas.

Porque toda gran historia empieza con una gran pregunta...

Siente. Pregunta. Agradece.

Siempre.

Agradece al Cielo el amor.

¿Cómo usar este oráculo?

Utilizar este oráculo numerológico del amor es muy sencillo. Existen dos caminos por los cuales vas a llegar a encontrar respuestas:

El camino de la intuición

Solo déjate llevar por la magia. Formula una pregunta que esté inquietando tu mente y cierra los ojos con amor, siempre con amor. Pide a tus guías que te den la respuesta a tu interrogante y entonces abre el libro. Lee el primer mensaje que encuentren tus ojos. Déjate conducir por la Gracia y agradece al Cielo.

El camino esotérico

Toma lápiz y papel. Formula tu pregunta y escríbela en una hoja. A cada letra le corresponderá un número, según la tabla pitagórica que tienes a continuación:

1	2	3	4	5	6	7	8	9
A	B	C	D	E	F	G	H	I
J	K	L	M	N/Ñ	O	P	Q	R
S	T	U	V	W	X	Y	Z	

Suma los números que corresponden a las letras de tu pregunta. Una vez tengas el resultado, búscalo en el oráculo numerológico y déjate sorprender.

Los números mágicos del amor

1

Cada vez que tu alma conecte con otra, una luz como un fuego traspasará la energía suprema. El destino te pide que tengas paciencia y que respetes el tiempo necesario para que todo se acomode y esta conexión sea real.

MENSAJE MÁGICO: SABER ESPERAR.

2

Así como existen los viajeros en tiempo, el amor trasciende de la misma manera. Sanar cada espacio y cada alma lleva su tiempo, y la conexión entre dichas almas, también. Debes comprender que el tiempo es tan importante como la conexión álmica. Este tránsito es parte de lo divino.

MENSAJE MÁGICO: TRANSICIÓN.

3

La comunicación siempre tiene que ir de la mano de tus deseos. Expresar tus sentimientos es parte del crecimiento del vínculo con el corazón. Hay que estar siempre atento a los deseos profundos y poder decir aquello menos agradable, así como lo bello del amor y los sentimientos. La pareja, como lo dice la palabra, debe ser pareja. Decir a tiempo tanto los halagos como las molestias hace que la unión se fortalezca.

MENSAJE MÁGICO: FORTALEZA.

4

Un rayo rosa llega a tu vida con fuerza y de la mano del arcángel Chamuel, el arcángel del amor. Ello te indica que estás listo para abrir el corazón al amor incondicional. Seguramente habrá algunos ensayos previos y tendrás que pasar por lo desconocido. Aparta las dudas y espera sentir la brisa del cambio.

MENSAJE MÁGICO: SORPRESA.

5

Siente el amor desde tu corazón, deja que fluya esa energía mágica en tu cuerpo. Tus ángeles te traerán paz y armonía y cuidarán cada nuevo día este renacer. Siente el cambio y el desapego de lo viejo. Un puente de luz cuidará de ti en este momento de tu vida. El destino te pide que recibas los buenos tiempos y que sientas que ya solo habrá alegría en tu corazón.

MENSAJE MÁGICO: DESEOS CUMPLIDOS.

6

Llegó el momento de dejar atrás los viejos recuerdos, de sentir que ya no perteneces a ese espacio y de conectar con el cambio energético y las próximas decisiones a tomar. Todavía te esperan algunos obstáculos, pero ese viejo amor solo te conectará con tus viejos deseos y no con tu presente real. Mantén la calma y prepárate para tu gran cambio.

MENSAJE MÁGICO: SUELTA LO VIEJO.

7

Cuando el oráculo se abra en esta página, sentirás la necesidad de una respuesta. Sin embargo, esta quizás llegará en dos semanas (el tiempo prudencial para los cambios simbólicos). Puede que no tengas nada claro en este momento, pero el amor todavía tiene periodos de poca claridad y sumarle más dificultades limitaría tu avance. Date cuenta de las necesidades nuevas para poder construir de cero cada deseo profundo y volver al ruedo preparado para un gran amor.

MENSAJE MÁGICO: DATE TIEMPO.

8

Para que te sientas rodeado de amor, debes dar amor y no sentirte limitado en tu forma de amar. Seguramente, el alma que te eligió no está pasando el mejor momento. Quizás tus limitaciones también provocan que la energía no fluya y no podáis comunicaros. Espera un momento y verás cómo, en breve, todo discurre nuevamente. No tomes decisiones apresuradas y así podrás ordenar cada pensamiento sin cometer delitos espirituales.

MENSAJE MÁGICO: DETENTE.

9

Para poder entender las actitudes de los otros, primero deberás entender las tuyas. Quizás no sea el momento para emprender lo que más deseas. Ten en cuenta que el otro lado tampoco está preparado para una decisión. Quizás, juntos, podríais tomar una mejor resolución. En este momento ábrete a la compasión, pero sobre todo accede al mágico espíritu de tus guías. El destino pide tiempo y sobre todo que no dejes de creer en este amor.

MENSAJE MÁGICO: COMPASIÓN.

10

No hay nada más poderoso que el amor correspondido. Por eso, vívelo con alegría y entiende que solo vendrán cosas positivas a tu vida. No esperes más y siente esa brisa nueva, ese compromiso espiritual que nació en el universo y se materializó.

MENSAJE MÁGICO: UNIÓN.

11

Un rayo de luz llega a tu vida en forma posible y guiada (nada pasará si no está guiado por la luz divina). Siente el cambio que ocurre a tu favor. Al otro lado, hay una gran ilusión y buenos sentimientos. No te dejes llevar por los miedos. Tocaste esta puerta, la abriste y ahora está preparada para ti.

MENSAJE MÁGICO: ESTÁS LISTO.

12

Atraes abundancia a tu vida. Confía en que sucede lo que mereces y atraerás más abundancia y prosperidad. Esta es una unión desde el amor y las personas negativas de tu entorno comenzarán a alejarse. Al otro lado, todo está listo para disfrutar y tomar decisiones en conjunto. El destino te pide que entiendas el cambio y actives los sentimientos del disfrute.

MENSAJE MÁGICO: RECIBE LA PROSPERIDAD.

13

Alinea tu gran fortaleza y mantén buena intención en tus deseos. Cada alma puesta en tu camino es un propósito con una misión. El amor es como un instrumento: cada vez que tocas una canción bonita, mejoran las notas y él mismo se pule. Disfruta este momento único, resuelve el pasado —perdónalo y libéralo—, diviértete y disfruta de lo nuevo soltando viejos patrones.

MENSAJE MÁGICO: LIBERACIÓN.

14

Tu vida en el amor emprende nuevos caminos y desafíos. La alegría es parte también de este viaje. Debes comprender que no estás ante un final, sino ante un periodo de tránsito. La voluntad debe surgir de ambos lados, pero a veces a uno de ellos le cuesta más. Solo es cuestión de tiempo.

MENSAJE MÁGICO: TRANSICIÓN.

15

Actúa como si ya entendieras que eres parte del cambio. Siente la energía de renovación y amor. Conecta con el cambio y el despegue. El destino te pide que sientas esta nueva oportunidad como parte de la historia y que te alegres por lo que llega y se instala para no irse.

MENSAJE MÁGICO: NOTICIAS.

16

La vida está llena de sorpresas y de cambios, pídele a tu ángel de la guarda que cuide tus decisiones, que cuide este sentimiento real. Cuando dos almas se cruzan, la fuerza del amor actúa como un fuego y atraviesa los corazones. El destino te pide flexibilidad, pues habrá muchos cambios y sorpresas. El sentimiento crecerá con facilidad y la fuerza vital fluirá libremente. Tener fe será necesario para que el amor siga su camino.

MENSAJE MÁGICO: PASOS.

17

Pedir al universo claridad es una buena forma de que este te escuche y te envíe señales para avisarte de los cambios. De todos modos, los desafíos también aportan crecimiento, mejoras, evolución y una gran unión con esa alma que se cruzó en tu vida. Siente este amor con alegría y comprende que los cambios deben transitarse, aunque a veces quemen como fuego.

MENSAJE MÁGICO: ACEPTA LO IMPREVISTO.

18

Cuando eres honesto, tu aura se refleja en cada palabra y emoción que trasmites al hacer algo por el otro. En esta energía, el corazón conecta con el alma y ya jamás se separan. Pueden surgir algunos obstáculos o limitaciones, pero las almas unidas mediante el amor seguirán unidas. Siente esta energía con fuerza y conecta con el alma que vino a traer amor y alegría a tu vida.

MENSAJE MÁGICO: MAGIA.

19

Es el momento de estar preparado para un cambio. Un cambio de casa, de lugar o de trabajo traerá mejoras en el amor. La descontaminación y una nueva unión serán indispensables para el progreso. Date cuenta de la alegría que traerán a tu vida los cambios y entonces te darás cuenta de las maravillas que te esperan en un futuro cercano. Ese amor estará para acompañarte. Debes estar abierto a los cambios y tomar las decisiones necesarias para amar libremente en pareja.

MENSAJE MÁGICO: MUDANZA.

20

No existen las casualidades, todo está escrito en el mapa divino. Siente esta sincronización en ese amor que tanto aprecias y que está en conexión directa contigo en este momento. Conversad en pareja y aclarad cuáles son los deseos de cada uno. Escuchaos sin reclamar o acusar al otro, entendiendo que nada es casual y hablando desde vuestros deseos profundos.

MENSAJE MÁGICO: CONEXIÓN.

21

Mirar con el corazón y sentir la conexión es parte del amor. Cuando tengas que decidir, hazlo con lo que siente tu alma y no te dejes llevar solo por los hechos. Lo único que nunca falla en una pareja son las cuestiones del corazón. ¡Escúchalo!

MENSAJE MÁGICO: SEÑALES.

22

La información siempre está presente en tu vida y no hay unión sin sabiduría. En este momento, debes pensar bien antes de tomar cualquier decisión que te urja. No actúes precipitadamente. El destino te pide que conectes con el amor desde el amor para dar paso a lo nuevo.

MENSAJE MÁGICO: CAMBIOS DESDE EL CORAZÓN.

23

La vida está llena de cambios, y siempre hay una solución para cada situación. No te resistas, ni tengas miedo. Tienes talento para el cambio y una gran facilidad para marcar lo próspero. Las cuestiones del corazón deben sanar primero, para activarse y, sobre todo, fortalecerse. El destino te pide que te sientas vital y no sufras, que entiendas que la limpieza es parte del proceso para redefinir la situación.

MENSAJE MÁGICO: SÉ FLEXIBLE.

24

Con este amor, la vida te traerá muchas aventuras. Pasaréis muchos y diferentes desafíos que te traerán más felicidad de la que crees. El destino te pide que ilumines tu camino, que atraigas entusiasmo y renovación a tu vida. Debes estar listo para lo inesperado y así poder aprovechar la fuerza del amor para transformar lo malo en bueno.

MENSAJE MÁGICO: ENCANTO.

25

Cuando dos personas se cruzan para pasar la vida juntas y conectan desde el amor, es imposible que la historia no cumpla un papel importante. Disfruta de este momento y brinda por lo verdadero.

MENSAJE MÁGICO: BRINDIS.

26

Nacimiento y bendición. Esta unión dará lugar a un nuevo ser o se transformará en un gran amor que vivirá para siempre. Disfrútalo y alégrate por la bendición de este amor.

MENSAJE MÁGICO: AMOR.

27

Todos los niveles del ser se unen para vivir esta pasión sin límites y llena de nuevas aventuras. Conecta con tu alma gemela y siente tu evolución. Disfruta al máximo esta sensación de amor pleno y de gran progreso en el encuentro de seres.

MENSAJE MÁGICO: EVOLUCIÓN.

28

Si tu corazón no recibe lo que necesita o no está cómodo en una situación, es el momento de decirlo, no dejes que la conexión de almas se pierda por falta de comunicación. A veces, con el amor no basta. Así que tómate un tiempo para meditar y retomar el camino. Deberás tener la claridad para afrontar cada prueba del amor y pedir cada instante la unión y protección de la misma.

MENSAJE MÁGICO: CUIDADO.

29

Experimentas constantemente cambios en tu vida y el amor correspondido es la carta de este momento. Ambas partes estáis unidas desde lo supremo y tenéis un gran amor recíproco (a veces inmaduro, a veces inestable, pero en la misma sintonía). Trabaja tu ley de atracción y comienza a responderle al destino de una forma madura y positiva.

MENSAJE MÁGICO: TRABAJO.

30

Poco a poco irás descubriendo que puedes apostar por este amor, que puedes sentir la energía mágica del amor correspondido y que puedes avanzar en este momento hacia nuevos caminos. Sigue apostando por el mismo sentimiento para poder disfrutar lo más hermoso de la vida.

MENSAJE MÁGICO: VAS POR EL BUEN CAMINO.

31

La conexión entre personas con tanta fuerza y energía como la vuestra es la bendición más grande del ser humano. Creer en las almas y la unión de estas es parte de la vida. El destino te pide que disfrutes esta unión y la vivas plenamente con alegría, sin dar vueltas a lo que la vida propone.

MENSAJE MÁGICO: BUENA PREDISPOSICIÓN.

32

Si tienes dudas sobre las decisiones a tomar, busca en tu interior y verás que quizás no estás en el mejor camino. Si te angustia cada paso que das y la comunicación no fluye, es el momento de detenerse y poder tomar impulso para lo nuevo. Activa tus sentidos interiores y capta lo que tu corazón necesita, así llegarán los cambios que te beneficiarán.

MENSAJE MÁGICO: CLARIDAD.

33

El proceso de cualquier amor correspondido y la unión de almas también puede tener lloviznas y molestias, aunque no duran mucho tiempo cuando el sentimiento es real y verdadero. Aclarad cada inquietud desde el amor, hablando con sinceridad, para que los caminos se despejen y podáis avanzar al futuro.

MENSAJE MÁGICO: COMUNICACIÓN.

34

No te quedes tan sorprendido por lo que sucede en tu vida, pues el universo lo tiene todo planeado para tu felicidad. El amor correspondido también tiene su proceso. Irradiarás mucha felicidad en lo nuevo que va a venir, y también podrás sentir y disfrutar el amor en plenitud. Para ello, debes dejar atrás los patrones de resistencia que ya no tienen que ver con tu historia y conectar con el amor que sientes.

MENSAJE MÁGICO: LO VERDADERO.

35

No hay razón para que no puedas vivir este amor con alegría o para que no sientas su energía maravillosa. Aunque se trate de un pequeño lapso de tiempo, de un momento de espera antes de la evolución y el cambio, el destino te invita a disfrutar cada momento de alegría y a activar tus caminos para sentir lo que hoy te propone.

MENSAJE MÁGICO: DISFRUTA EL PRESENTE.

36

Una gran fuente de energía repleta de plenitud llega a tu vida. El amor como instrumento principal de la vida marca un vértice y se planta para no irse. El destino te pide que sientas el huracán de bendiciones y que te alegres por ello.

MENSAJE MÁGICO: BENDICIÓN.

37

Cualquier pensamiento continuado se transforma en creencia. El amor se manifiesta a través de las palabras, pero también lo que uno desea, pues todo tiene conexión con todo. Vive este amor de una manera más real, sin darle tantas vueltas.

MENSAJE MÁGICO: REALIDAD.

38

Si estás en un camino de decisiones, es necesario que no solo uses la cabeza, sino también el corazón. El amor es la energía más hermosa que puede tener el ser humano. Mira lo que te sucede y activa los motores para que se concrete la unión. Vive este amor con alegría y dale un vuelco rápido al cambio.

MENSAJE MÁGICO: CAMBIOS DESDE EL AMOR.

39

Algo mágico ha llegado a tu vida. Vivirlo es tu responsabilidad. Sentirlo como un fuego hará que vuelvas a creer en ti. Al otro lado también hay un trabajo de redescubrimiento de la alegría del amor latente. Vive plenamente esta bendición de la vida y comunícasela al alma que te acompaña.

MENSAJE MÁGICO: DA LA BIENVENIDA.

40

Tu alma necesita abrir los viejos portones o limitaciones que le has puesto. Solo tú puedes activar tu energía. A tu lado tienes un alma lista para seguir el viaje, lista para el gran cambio. No le pongas resistencia y vívelo con alegría. El destino te pide que rompas viejas estructuras y avances hacia el nuevo amor.

MENSAJE MÁGICO: LO NUEVO.

41

Un sentimiento negativo indica un atraso en la evolución. Pensar así no hace que vuestras almas puedan conectar y evolucionar como amor puro. No os quedéis en este punto, podéis avanzar aclarando las cosas y sintiendo de forma positiva.

MENSAJE MÁGICO: LO POSITIVO.

42

Ábrete a lo nuevo. El trabajo de apertura puede llevar un tiempo, pero no te pases: debes procurar que la espera no se transforme en más limitaciones. El destino te pide que tomes conciencia del escenario y la cantidad de oportunidades que pone ante ti, para que puedas dar un giro a ese vínculo desde el amor y hacia lo nuevo.

MENSAJE MÁGICO: ACTÍVATE.

43

Eres una persona protegida, pues la energía discurre en ti como en un canal en renovación constante. Solo tienes que descubrir si tu corazón necesita volver al estado de soledad o si has evolucionado. Al otro lado te concederán un tiempo de espera. Sin embargo, recuerda: el amor funciona solo si lo alimentas cada día y si se construyen bases sólidas. La protección es algo tan valioso como mágico; úsala para ti, para aliviar tu camino y para concretar tus sueños. El destino te pide que no pierdas el eje y que apuestes por lo que se te presenta.

MENSAJE MÁGICO: ACTÚA.

44

El amor llegó a tu vida de una manera mágica, disfrútalo con alegría y activa tus sentidos. En este viaje no vas a necesitar mucho, solo la confianza y alegría de vivirlo. Disfruta tu momento —creado únicamente para ti— y alégrate cada vez que recibas estas bendiciones.

MENSAJE MÁGICO: GRATITUD.

45

La aceptación es el don que todos deberíamos practicar. Cuando uno acepta al otro tal cual es, es el acto de amor más grande que puede tener un ser humano. Aceptar tu forma de amor también es parte del amor. Ten claro que, para poder seguir en este amor, debes practicar el ejercicio más incondicional que tiene el amor verdadero que es la aceptación.

MENSAJE MÁGICO: ACÉPTATE A TI MISMO Y A LOS DEMÁS.

46

La paz interior llega a la relación si ambos estáis en la misma sintonía y si no hay competencia ni afectos interesados. El destino te pide que trabajes para lograr la serenidad, sabiendo que eres tu propio dueño y que el amor crecerá cuando ambos estéis en la misma sintonía.

MENSAJE MÁGICO: EN SINTONÍA.

47

En este momento debes vivir este amor con alegría. Nada y nadie puede limitarte a lo que te propone el destino, que es una conversación clara, sana y desde el corazón. Disfruta mucho de este momento y siente al máximo los buenos vientos.

MENSAJE MÁGICO: TIEMPO DE ALEGRÍA.

48

Los acontecimientos del pasado, todo lo vivido hasta ahora, no tiene que ver con tu presente, eres una persona nueva. Llegan cambios y estás a un paso de una nueva vida. El destino te pide que vivas con pasión y alegría estos caminos y que sientas que el amor es simplemente pleno.

MENSAJE MÁGICO: RECIBE LAS COSAS MARAVILLOSAS DE LA VIDA.

49

Cuando uno toma decisiones, estas siempre van acompañadas de un impulso del alma. El alma siempre habla claro, solo hay que escucharla. El sentimiento que está creciendo en ti no es fruto de lo que pediste, pero es momento de vivirlo como salga, sin prejuicios ni malos pensamientos. Deja que el tiempo haga sus cosas y pon más sentido al amor, viviéndolo y dejando de controlarlo todo.

MENSAJE MÁGICO: SÉ ESPONTÁNEO.

50

La inspiración divina siempre va de la mano del sentir. Hoy estás viviendo algo tan natural como el amanecer. Vivirlo es parte de tu misión y poder sentir este amor diferente, pero tan igual, también lo es. Disfruta mucho y deja de lado las decisiones que tengan relación con el control de tu vida y que solo responden a las resoluciones del ego.

MENSAJE MÁGICO: HAZLO CON INSPIRACIÓN DIVINA.

51

Cuando uno acepta que en la vida hay diferentes o nuevos caminos por vivir, las puertas siempre se abren (aun las que parecían desaparecidas). Esta energía hermosa trae amor del bueno y salud mental. Disfruta cada momento de este amor rodeado de una luz verde que solo podrás sentir cuando mires a los ojos a tu persona amada. El destino te pide que desbloquees los miedos y que disfrutes al máximo lo nuevo.

MENSAJE MÁGICO: PUERTAS ABIERTAS.

52

Mejorar y cambiar un estado de ánimo negativo en positivo puede tener el poder de cambiar una decisión o de que todo no se vaya a la ruina en un segundo. No te apresures y escucha más las necesidades del otro. Quizás se esté convirtiendo en costumbre relacionarse de malas maneras en el campo del amor.

MENSAJES MÁGICOS: DESPERTARES DEL ALMA.

53

El amor es algo que traspasa el cuerpo a través del sentir y también a través de cada pensamiento que se materializa. Tú ya eres un maestro del amor y tienes los medios para tu gran éxito, solo debes encontrar los ingredientes para que tu relación sea agradable. No te desvíes de tu camino y siente esta brisa preciosa del amor correspondido sin limitaciones.

MENSAJE MÁGICO: EL UNIVERSO A TUS PIES.

54

Seguir poniendo resistencia al sentir y vivir limitaciones en este amor te traerá descenso. Todo está actuando de la mano del universo. Disfrutar de las personas nuevas o renovadas es parte de tu camino. No pongas resistencia ni límites a los sentimientos y vívelos con alegría.

MENSAJE MÁGICO: AFLORA.

55

Quizás estés viviendo alguna situación negativa, pero esta será la que te hará crecer. Toma tu espíritu y siente su energía. Prepárate para el cambio donde podrás dar la vuelta a esta o más situaciones que puedan ocurrir en tu vida. En breve tendrás un gran saldo positivo y podrás ver con claridad el camino. Deja que pase esta tormenta y no emplees más palabras de las debidas porque todo volverá a su curso.

MENSAJE MÁGICO: NO TE APRESURES.

56

Las bendiciones llegan en forma de ola. Es un hermoso momento para vivir con plenitud lo que estás pasando. Disfruta y di todo lo que sientes sin miedos y sin limitaciones. Activa tu sentir y propón cosas nuevas. El destino te pide que vivas este estado con alegría y sin tener tantos prejuicios y que disfrutes al máximo tu momento.

MENSAJE MÁGICO: DESPEGUE.

57

Cuando aparecen personas increíbles en tu vida, no debes sorprenderte. Cada experiencia vivida la has invitado inconscientemente, igual que al amor que necesitas en este momento de tanta naturalidad. Vive esta unión con libertad y sabiendo que nadie va a hacerte daño, porque el amor crece, se siente y evoluciona si se trasmite.

MENSAJE MÁGICO: EN ALZA.

58

Si quieres resolver algo, pregúntalo directamente. Aunque en tu corazón también habrá respuestas, en relación a la persona amada solo hay que aclarar, sentir, vivir, conectar, pedir y aprender a escuchar. Llegan momentos de desafíos, pero de gran continuidad. El destino te pide que vivas plenamente lo que te propone y que entiendas que el amor tiene todos los condimentos de la vida.

MENSAJE MÁGICO: VIBRAR Y SENTIR.

59

Habrá mejoras en este camino en pareja cuando pasen las pruebas. En este momento hay una pequeña lluvia, que solo mojará los cabellos, pero nada más. El destino te pide que seas astuto y que cubras el resto del cuerpo. Y recuerda: un tropezón no es una caída.

MENSAJE MÁGICO: ESTÁS EN TRANSICIÓN.

60

No grites tanto tu felicidad, pues a alguien puede molestarle. Trata de cuidar el amor que tienes y propón encuentros más íntimos. Cuida la relación y, cuando se estabilice, construid un búnker solo para hablar de amor. El destino te pide que protejas cada espacio del corazón, que contemples en armonía la unión y que logres estar atento para que no se inmiscuyan enemigos ocultos.

MENSAJE MÁGICO: PROTECCIÓN.

61

La unión directa de un corazón con otro corazón forma una muralla trasparente y sólida que nadie puede destruir. El destino te indica que la protección espiritual está entre vosotros, por lo que no debes temer los cambios de la vida.

MENSAJE MÁGICO: SIGUE SIN MIEDOS.

62

Si estás tratando de ver claro cuál es tu camino, apura tus pasos para que no te quedes con una sensación de pérdida. El amor se construye con bases sólidas y no con dudas e inestabilidad. El momento para decidir es ahora, no mañana.

MENSAJE MÁGICO: TOMA DECISIONES.

63

Habla, dile qué te pasa, cuéntale cuántas cosas quieres para este vínculo de amor... Muéstrale tus deseos con el corazón. Tus ángeles van a acompañarte por el mejor camino. Hablar desde el corazón nunca falla, porque viene del amor verdadero. El destino te pide que hables con la verdad y para la verdad.

MENSAJE MÁGICO: SINCERIDAD PARA DESPEGAR.

64

Deja de ponerle resistencia al amor, deja de ponerle trabas a tu futuro. El momento del futuro es hoy y lo que está sucediendo es lo correcto. Vive con alegría el presente y disfruta al máximo el amor con plenitud.

MENSAJE MÁGICO: DISFRUTA EL PRESENTE.

65

Siente la energía que estás emitiendo y observa si lo que estás haciendo es de dos y para dos. Date cuenta de que hoy no es el momento para seguir poniéndole resistencia al amor. Tus caminos empezarán a abrirse, siempre y cuando dejes de poner limitaciones al futuro. Vive el amor con libertad. El destino te pide que sientas el cambio y que lo disfrutes al máximo.

MENSAJE MÁGICO: DESCUBRE EL CAMINO.

66

Nada podrá contra el poder de tu destino. Nadie podrá sacar de tu corazón el amor. Una gran energía de protección te envuelve y te cuida de este momento. Vívelo con alegría y siente la magia del amor en tu vida.

MENSAJE MÁGICO: CAMINOS ABIERTOS.

67

Quizás hoy estés confundido en tus sentimientos, pero pronto vas a poder estar más abierto y tener la claridad del sol que sale todos los días. El amor nunca apaga la llama, aunque el fuego dé miedo y pueda quemarte. El destino te pide que no pongas límites al amor y que, simplemente, esperes el tiempo necesario para la vuelta al sol.

MENSAJE MÁGICO: TIEMPO DE CAMBIOS.

68

La alegría es parte de tu vida y la magia hace su trabajo. El amor juega un papel hermoso hoy en tu vida, no te apresures a creer que ya lo has vivido todo. Ten paciencia, solo se necesita un tiempo de maduración para que todo esté listo para ser disfrutado. El destino te pide que disfrutes lo que viene y que te prepares para el gran cambio a tu favor.

MENSAJE MÁGICO: LO QUE ESTÁ POR VENIR.

69

Mira a tu alrededor y fíjate en lo que estás haciendo para que este amor no se entregue totalmente. Trabaja con tus miedos y da una oportunidad a las buenas vibraciones. Siente la energía de este amor y vibra alto cada vez que lo tengas cerca. Disfruta, vive y sonríe cada momento.

MENSAJE MÁGICO: LIBÉRATE.

70

Controlar los estados de ánimo te dará más disfrute en el amor y podrás vivirlo con alegría y libertad. El destino te pide que te liberes de los prejuicios y que estés más abierto a los cambios. También te pide que aclares en tu mente y en tu corazón qué tipo de sentimiento vas a entregar, si a medias o del todo.

MENSAJE MÁGICO: ÁBRETE AL AMOR.

71

Cada momento que estás viviendo es parte de lo que pediste; cada situación que se presenta en tu vida es parte de la proyección de tu alma. Vive este amor con alegría y siente todo lo bueno que la vida te propone.

MENSAJE MÁGICO: TIEMPO DE DISFRUTE.

72

Tu trabajo en esta etapa es que dejes ir el dolor. No quedes pegado a dolores o penas del pasado, no pudiendo vivir lo que la vida te presenta hoy como bendición. Cuando amas incondicionalmente, no hay nada que temer. El destino te pide que disfrutes el amor y lo vivas. No intentes entenderlo, simplemente activa el botón positivo y dale para delante con un gran impulso.

MENSAJE MÁGICO: ALEGRÍA DE LO NUEVO.

73

Siente la brisa del amor y vívelo con alegría; solo así crecerá tanto que será una ola indestructible para tu vida. Vive este momento de crecimiento maravilloso y activa tu energía para que fluya de manera activa. Puede que percibas este sentimiento como un desafío, pero no es más que una nueva propuesta para tu camino. Vive y siente esta energía.

MENSAJE MÁGICO: LA SABIDURÍA A UN PASO.

74

La risa, el buen humor o la alegría hacen que atraigas buenos momentos; conéctate con eso. En pareja, vive desde un lugar más placentero y no quedándote en un espacio de análisis constante, de observación medida, pues el amor se tornará aburrido y como de oficio. El destino te pide que te relajes un poco, que vivas y que trates las cosas con más ligereza.

MENSAJE MÁGICO: DIVIÉRTETE EN EL AMOR.

75

Como un rayo de rubí este amor será protegido, pues tiene la magia del amor supremo y la energía que construye pilares firmes. Deja de dudar y dale tiempo al tiempo; él mismo hará su trabajo para que crezca como una flor y se transforme en una arboleda. El destino te pide que plantes semillas y les digas palabras preciosas.

MENSAJE MÁGICO: CRECIMIENTO.

76

A medida que tomes decisiones, la vida se volverá más iluminada, podrás avanzar con pasos gigantes y activar tu espíritu. El amor crecerá cuando puedas alimentarlo. El universo está jugando un papel importante en tu vida, recibirlo está en ti. Apoya este momento y vívelo con libertad y alegría. El amor se instala para quedarse como un rayo de luz.

MENSAJE MÁGICO: LUZ DIVINA.

77

Este amor que estás viviendo es parte de lo que pediste al universo, es parte de tu futuro presente. Vívelo con mucha alegría y activa cada momento con fuerza.

MENSAJE MÁGICO: SIENTE EL APOYO DEL UNIVERSO.

78

Elimina las luchas de poder, el conflicto y las competencias con los demás. Ocúpate de amar tu propia vida y de enfocarte en la gran bendición que hoy te llega. El amor es un sentimiento diferente a los demás, puro y fuerte como ninguno. El destino te pide que estés en mejor sintonía y que captes el momento presente para sacar lo mejor de él.

MENSAJE MÁGICO: VIVE LIBREMENTE.

79

Aumenta la habilidad para salir de los problemas y enfocarte en cosas que sumen para el corazón, pues el amor debe ser cuidado. Pregúntate si estás a gusto con cada cosa que vives y si tienes ganas de seguir en un espacio negativo. El destino te pide que hagas un cambio total en tu vida y que reviertas los pensamientos que no suman, para construir un gran y único amor.

MENSAJE MÁGICO: TRABAJA LA FUERZA Y EL CORAJE.

80

No pidas tanta luz, porque la luz más fuerte la tienes en tu interior. El amor vino a instalarse en tu vida y a acompañarte para nunca más dejarte. Vive claro, sabio y abierto al corazón. Siente esta nueva energía y disfrútala.

MENSAJE MÁGICO: TU SABIDURÍA INTERIOR TE LLEVA A CAMINOS ÚNICOS.

81

Tomar decisiones apresuradas puede dejarte en un espacio limitado e impedirte ver los tiempos de cada uno. No te apresures ni pienses que las cosas son únicamente de una manera o de otra. Los extremos siempre son malos. Abrirse a lo nuevo y saber esperar es el buen camino.

MENSAJE MÁGICO: UN TIEMPO ADECUADO.

82

Si quieres decidir cuál es la persona adecuada, quizás no sea este el camino. La mejor elección será la que esté en comunión con tu paz y alegría, que jamás negocian con nada. No dudes tanto y no midas las personas, pues en las cuestiones del corazón no entran razones.

MENSAJE MÁGICO: ESCÚCHATE.

83

La espera no será tu mejor amigo. Toma impulso en tus decisiones y respira. Cuando el día amanezca, vive el amor como una brisa sanadora que trae bálsamo y alegría a tu vida. El destino te pide que tomes las riendas en los sentimientos y que disfrutes lo que la vida propone.

MENSAJE MÁGICO: CAMINOS CERTEROS.

84

No hay nada más poderoso que el amor y la unión espiritual. Las personas que se unen logran una gran conexión cuando dicha unión se hace desde el alma. Por eso, no tengas miedo y acepta lo que el destino te pide: vivir con alegría y mucha prosperidad este momento bendecido.

MENSAJE MÁGICO: PLENITUD.

85

No es momento de tomar decisiones apresuradas que te hagan recular. El amor espera, pero también necesita de alegría y cuidado. No exageres tanto ni te enojes en cada momento por cada situación que surja en el vínculo. Debes cuidar, activar y retomar los momentos bellos de la vida en el amor correspondido.

MENSAJE MÁGICO: DESPIERTA EL SENTIR.

86

Esta persona o situación ha sido puesta en tu vida para que crezcas y te fortalezcas. Ya no hay más lugar para lo viejo. El destino te pide que vivas un amor nuevo real y positivo y que encuentres un propósito a tu vida. Procura tener mejores intenciones en la unión, hablar y conectar únicamente con el corazón.

MENSAJE MÁGICO: LOS ÁNGELES TE APOYAN. ¡SIÉNTELO!

87

Estás listo para abrir el corazón a un amor incondicional. El rayo rosa te marca el amor sano y puro, y la ilusión de lo nuevo activa tu sentir. Conecta con esa magia y traspasa las limitaciones creadas por ti mismo.

MENSAJE MÁGICO: ESTÁS LISTO PARA EL AMOR PURO.

88

La unión de almas es una conexión directa con lo divino. Deja de buscar tus miedos y comienza por encontrar y sentir la energía mágica que te une con otra alma, viviendo en plenitud este momento que la vida te propone. Vive con amor y para el amor sin darle tantas vueltas.

MENSAJE MÁGICO: LA ALEGRÍA LO ES TODO.

89

Nunca te conformes con menos de lo que mereces. Si la vida te está poniendo un desafío grande, significa que puedes con eso y mucho más. En las mejores batallas surgen las mejores recompensas. No bajes los brazos y prepárate para recibir más cambios todavía.

MENSAJE MÁGICO: LLEGA LO GRANDIOSO A TU VIDA.

90

Alégrate por este momento tan afortunado para ti. El amor es lo más importante en los seres humanos, es una inyección que cura y activa los sentidos de cualquier persona. Vive este amor con alegría, libertad y siente su energía maravillosa. El destino te pide que te enfoques en lo bueno y que sientas el gran cambio.

MENSAJE MÁGICO: CAMINOS ABIERTOS.

91

Mira si lo que estás ofreciendo hace feliz al otro, pues el enojo siempre trae limitaciones y suspende la evolución. No sentir con el corazón y evadir la forma de amar suspende un camino nuevo. Debes ser amoroso y atento y transitar los momentos de prueba.

MENSAJE MÁGICO: DESPIERTA AL AMOR.

92

Pide y se te dará. A veces solo hay que saber esperar un poco. Tus deseos siempre son una petición que se transforma en materia. Cada vez que pidas algo, hazlo con amor y alegría. Ábrete a ese corazón y no midas cada cosa que suceda. La unión se consigue a través de la entrega y no del reclamo.

MENSAJE MÁGICO: ENTRÉGATE.

93

Cuando prestas más atención a las cosas mínimas que a tus deseos, el amor se debilita lentamente. Trasmutar los pensamientos negativos en positivos es un trabajo duro, pero con un saldo positivo. No te enfoques en las palabras, sino en el sentimiento y en continuar haciendo un trabajo positivo en el amor.

MENSAJE MÁGICO: CONECTA CON LA ARMONÍA.

94

Nada puede limitarte en tu camino, pues estás perfectamente listo para avanzar y concretar el amor. Si le pones resistencia, no recibirás los beneficios que tiene preparados el destino para ti. Respira profundamente antes de dar una respuesta y entiende al otro corazón desde un lugar sano, no desde los reclamos.

MENSAJE MÁGICO: PERMITE EL PROCESO.

95

Es muy importante que sepas y aprendas a ver cuándo un sentimiento es real, cuándo un amor es puro, cuándo el corazón habla en serio. Ábrete más con el otro y no midas tu conveniencia; procura llegar a acuerdos hablando palabras de amor.

MENSAJE MÁGICO: ACTIVA TUS SENTIDOS.

96

Encontrar la palabra correcta de cómo te sientes y decirle al ser amado lo que pasa no es un desafío, pues, cuando uno habla desde el corazón, es muy difícil que haya confusiones. La cantidad de dudas que uno tiene pueden provocar que las cuestiones del corazón parezcan pruebas, pero puedes salir rápidamente de este estado con la mejor medicina: hablando de amor y desde el amor.

MENSAJE MÁGICO: ALIVIA TUS PENSAMIENTOS.

97

Todo lo que estás viviendo en este momento es parte de lo que has pedido. Todo te está siendo otorgado y todo está perfectamente planeado para que lo vivas con alegría. El destino te pide que disfrutes con amor y alegría tu momento, y que sin miedos avances y entregues tu corazón. No te limites en la entrega.

MENSAJE MÁGICO: BENDICIONES DEL CIELO.

98

No puedes entrar en un lugar con un arcoíris gigante y comenzar a buscar la noche o a preguntar cuándo llegará la oscuridad. Los miedos siempre están ahí para atraparte. Deja de buscarlos, disfruta tu presente y comienza a sentir y vivir este sentimiento real.

MENSAJE MÁGICO: ESTÁS PROTEGIDO.

99

La frecuencia en la que estás vibrando hoy es cómo te preparas para lo que vendrá. Trata de no traer fantasmas del pasado y de vivir un amor más liberado. Habla con tu pareja de los reclamos y dale mucho amor, así se despejarán las dudas. El destino te pide que vivas con más libertad y que vibres mejor para que lleguen cosas hermosas.

MENSAJE MÁGICO: VIBRA CON LO VERDADERO.

100

No es difícil cambiar tus patrones de energía, más cuando te conoces mucho. Sin embargo, el amor correspondido espera cerca de ti para ser vivido con alegría, así que deja de vibrar de una manera negativa para poder vivir en armonía este sentimiento.

MENSAJE MÁGICO: AMOR CORRESPONDIDO.

101

Tu avance es inevitable y hoy ha llegado el momento de vivirlo con intensidad, estás listo. Es el momento de sentir la energía de la ola que surge en tu vida y de tomar impulso. Siente la razón por la que has venido a esta vida y entiende que el amor es un motor que uno debe alimentar a diario.

MENSAJE MÁGICO: ESTÁS LISTO PARA AVANZAR.

102

Cuando dices «quiero que suceda» ya estás enviando tu pedido al universo. Deja que él haga tu trabajo y siente la energía del cambio. Si todavía no se ha concretado lo que esperas, seguramente estás muy cerca de lograrlo. Sin embargo, debes dejar que el escenario se coloque y que los artistas entren en escena. Siente esa energía que llega. El amor viene para quedarse y el tiempo es parte del proceso inevitable.

MENSAJE MÁGICO: VAS A LOGRAR TUS DESEOS.

103

Cuando eres un alma protegida, todas y cada una de las situaciones que surjan en tu vida se resolverán de forma mágica. Confía en el amor que entregaste y abre tu corazón a lo nuevo sin miedos. El destino te pide que sientas la energía protectora y te dejes llevar por tu intuición. Los ángeles te acompañan dándote la claridad que necesitas.

MENSAJE MÁGICO: PROTECCIÓN SUPREMA.

104

Si tienes que tomar una decisión en cuanto a tu sentir, el universo te dice que conectes con tu interior, con tu fuerza y sobre todo con el gran amor que sientes por el otro. Quizás no estés pasando un momento muy pleno, pero surgirá un gran cambio a favor después que sueltes lo que ya está unido espiritualmente. Suelta toda la presión y deja que fluya lo más importante de esta vida: el amor.

MENSAJE MÁGICO: LIBERACIÓN POSITIVA.

105

Cada persona o situación que ha sido puesta en tu vida es con un propósito. La idea es que puedas liberar viejos patrones y avanzar, resolver el futuro. Deja de buscar afuera, pues sentir las cualidades del alma es conectar con tu gran misión. Entiende este tipo de amor, siéntelo, disfrútalo y vívelo con una intensidad que solo te dará cambios y alegría.

MENSAJE MÁGICO: ALINEA TU FORTALEZA.

106

Concéntrate en los resultados amorosos siempre trae buenas cosas y pedir al universo claridad para tomar decisiones, también. Cultiva el amor y construye un vínculo fuerte basado en los sentimientos reales.

MENSAJE MÁGICO: EL PODER DE LO POSIBLE.

107

Analiza con profundidad cuál es tu deseo máximo. Fíjate si lo que estás viviendo te está completando y si lo que quieres también tiene la energía que necesitas. El destino te pide que te detengas ante cada situación extrema y revises qué tipo de amor realmente necesitas.

MENSAJE MÁGICO: LLEVA LA COMPRENSIÓN A TU VIDA.

108

A la hora de tomar decisiones, si lo haces desde la alegría siempre llegarás a buen puerto. El amor mezclado con la alegría es un saldo superpositivo. Busca sorprender al otro y procura que siempre haya una cuota de alegría entre vosotros, aun en los momentos de tristeza. Pon alegría a esta situación y pronto todo se aliviará.

MENSAJE MÁGICO: LA RISA Y EL AMOR SIEMPRE VAN DE LA MANO.

109

Lo que se resiste siempre persiste. Trata de luchar contra tus patrones rígidos y tus hábitos mentales. Solo tú puedes cambiarlos, teniendo en cuenta cómo sientes que deben ser las cosas. El destino te pide que vivas más abierto a lo nuevo y que comprendas que al otro lado también hay alguien que siente y viene con su propia mochila. Disfruta y cede las veces que sea necesario.

MENSAJE MÁGICO: USA TU FLEXIBILIDAD ESPIRITUAL.

110

Algo está preparado para ti. Todos tenemos oportunidades de cambio y todo lo que llega en nuestra dirección tiene que ver con un vuelo maravilloso. Siente la energía y conecta con el amor para vivirlo sin miedos. El destino te pide que te deshagas de los miedos y vivas la intensidad.

MENSAJE MÁGICO: ACTIVANDO CAMINOS.

111

Toma una actitud positiva en cada cosa que decidas. El amor es un trabajo de cosecha diaria, de construir más amor y conectar con lo más hermoso, a través del cuidado y las palabras sanadoras y mágicas. Piensa antes de actuar, sin ser impulsivo. Conecta con el amor y cúbrelo con una ola de buena energía.

MENSAJE MÁGICO: CONECTA CON LO PURO.

112

Cuando entregas tu corazón y tu alma, lo entregas todo, pero ten claro que ningún problema puede ser resuelto en el mismo nivel que fue creado. Tómate el tiempo necesario para el cambio y baja un poco las riendas para activar nuevamente la unión espiritual.

MENSAJE MÁGICO: TOMA UNA ACTITUD MÁS ABIERTA.

113

Sé más accesible en las decisiones que tomes. Actúa con el otro de manera que pueda fluir una buena energía. Practica la comunicación y conecta con lo que te unió a ella. Deja de pensar tanto y borra los pensamientos de oscuridad, pues la misma nunca ha sido amiga del amor. Debes ser leal y activo en tu sentir, y construir amor y más amor.

MENSAJE MÁGICO: EL CAMBIO ES TUYO.

114

Cuando tomamos cada relación desde la celebración y el amor, estamos en conexión con una energía conmemorativa. Celebrar la vida es parte de las bendiciones más grandes, así que vive y sigue viviendo en esa sintonía y dile a cada momento el amor que sientes a tu pareja. El destino te pide que sientas la magia y te unas a lo nuevo. La clave está en que la vida nos da cada instante oportunidades para ser feliz. No hay que perder esa sintonía del amor del bueno.

MENSAJE MÁGICO: TU CAMINO ESTÁ DESPEJADO.

115

Cuando encontramos un alma con la que nuestro corazón siente una conexión directa, todo es mágico y puro. Disfruta este momento único y dale espacio a lo nuevo renovando tu ilusión. No sientas miedos ni limitaciones en este camino y vive al máximo esta historia maravillosa.

MENSAJE MÁGICO: LA RUTA DESPEJADA.

116

Tomamos una actitud liberadora cuando mantenemos una relación sana y llena de amor desde nuestra alma y corazón. El destino te pide que sigas teniendo esta entrega. No cambies y siente esta energía como única, sabiendo que estás superprotegiendo este sentimiento.

MENSAJE MÁGICO: VIVIR ENTERAMENTE INSPIRADO.

117

El crecimiento del bebé en un vientre o plantar una semilla tiene conexión directa con la idea de lo que se quiere construir. El destino te pide que no frenes la cosecha y confíes en que el crecimiento va de la mano de meses de trabajo y amor. Este sentimiento irá creciendo poco a poco. No te apresures, pues todo lleva su tiempo.

MENSAJE MÁGICO: MOMENTO DE GESTACIÓN.

118

Comienza tus días como si estuvieses delante de ellos por primera vez, porque así es. Pon freno a tu enojo, respira y siente si realmente la decisión que estás tomando es la adecuada. Toma decisiones desde la claridad mental y espiritual y no apresures el camino.

MENSAJE MÁGICO: SIENTE CON EL CORAZÓN.

119

La tristeza te dejará en un lugar oscuro y limitado. Recupera la buena energía y reconéctate con ella recordando qué te hace sentir bien. Mira a tu alrededor y toma una decisión de una vez. Despierta al cambio y sal de un lugar limitado donde ya no hay amor.

MENSAJE MÁGICO: DESPIERTA TU CORAZÓN.

120

Siente este cambio como algo muy bueno para ti. No hace falta que tomes decisiones hoy, pero sí que veas el cambio. El amor te invita a vivir alegrías y renovación, a estar más alegre y en comunicación entre dos. Comunícate claramente en tus deseos y pega un giro mágico a la forma de amar pidiendo amor del bueno.

MENSAJE MÁGICO: CAMBIOS SORPRENDENTES.

121

Resolver una situación es clave para el avance; vivir de una manera clara y simple, también. El destino te pide que uses tu sabiduría interior y que conectes con el otro para hacer posible la sincronicidad en vuestras vidas.

MENSAJE MÁGICO: ESTÁS PREPARADO PARA AVANZAR.

122

Mira si las decisiones que estás tomando te hacen sentir cómodo; mira tu escenario y también qué tipo de amor está surgiendo de estas decisiones. Echa un vistazo real y positivo a tu vida antes de apresurarte a hacer los cambios.

MENSAJE MÁGICO: EVALÚA ANTES DE ACTUAR.

123

Vive este momento con alegría, porque el destino te acompaña y no debes tener miedo, pues todo se reorganizará de manera clara en un tiempo determinado. Confía en esta nueva forma de amar y deja que cada uno se fortalezca a su manera.

MENSAJE MÁGICO: CONFÍA EN LOS RESULTADOS FAVORABLES.

124

Disfruta cada momento que vives en tu presente y toma cada momento del pasado solo como una experiencia, sin afligirte por lo que ha quedado atrás. El destino te pide que construyas tu futuro en base a lo que deseas y que vivas este amor con más alegría.

MENSAJE MÁGICO: ABRE EL CAMINO DEL PRESENTE.

125

Espera el momento justo para que las ideas se aclaren. El tiempo es sumamente importante en este momento, pues nada va a serenarse si el tiempo no juega un papel en esta historia. El destino te pide que entiendas cuán importante es frenar los pensamientos y darle espacio a cada situación.

MENSAJE MÁGICO: TOMA UNA ACTITUD MÁS PRÁCTICA.

126

Cuando mantienes una energía de positividad en el amor, todo fluye a tu favor. Aunque no siempre estés de acuerdo con tu pareja, si te enfocas en pensamientos positivos todo seguirá su curso sin interrupciones ni malentendidos. No busques siempre lo negativo del otro por miedos y limitaciones propias.

MENSAJE MÁGICO: CULTIVA UNA VIDA MÁS SALUDABLE Y AMOROSA.

127

Siente la mágica brisa de la protección que pasa por tu vida, vive este momento como único y renueva tu fe. El destino te pide que sientas la magia de los ángeles protectores viviendo a pleno esta energía íntegra.

MENSAJE MÁGICO: SIENTE EL AIRE PURO.

128

Vive este momento como parte del crecimiento. El amor está en proceso y los momentos nuevos de evolución no tardarán en llegar. El destino te pide que no frenes y vivas con alegría todo el cambio a tu favor.

MENSAJE MÁGICO: LA EVOLUCIÓN ES UN PROCESO.

129

El amor nace cada día. Permite que el amor vuelva a nacer nuevo y puro y que te acompañe en esta etapa. Debes estar abierto a recibir una nueva oportunidad con amor del bueno y una energía arrolladora que llegará para quedarse.

MENSAJE MÁGICO: TU PROPÓSITO ESTÁ EN MANIFESTACIÓN.

130

El cuidado amoroso de cada persona es primordial si quieres un amor sano. Sé atento y no dejes de dar amor, pues el amor bueno siempre gana. No te pierdas en los pensamientos y conecta solo con el amor puro.

MENSAJE MÁGICO: SÉ COMUNICATIVO DESDE EL AMOR.

131

Mira el lugar que hoy ocupas y analiza si es lo que realmente quieres. Ordena tu corazón y tu mente y habla claro, pues este siempre es el camino correcto. El destino te pide que tengas más seguridad en tus decisiones, que tomes las riendas de tu vida sin dejar de sentir amor por el amor y que confíes en que la magia va a hacer su parte.

MENSAJE MÁGICO: EVALÚA Y ACTIVA TU CAMINO.

132

Los reclamos nunca llegan a buen puerto. En cambio, ver el lado bueno de las cosas siempre trae un saldo positivo. Ante una situación de crisis, no te quedes atado en un lugar; deja fluir la energía de forma positiva y dáselo todo a este amor. El amor es una planta que se riega día a día y se fortalece cuando no hay tanta inestabilidad.

MENSAJE MÁGICO: SIENTE EL AMOR.

133

Busca nuevas técnicas que traigan más alegría en los encuentros y sorprende al otro, conectando desde un lugar simple y puro. ¿Cuánto tiempo hace que no lo sorprendes con algo simple? ¡Eso es amor! El destino te pide que conectes con los ángeles y que sonrías a la vida poniendo un poco de azúcar a los momentos cotidianos.

MENSAJE MÁGICO: DALE UNA SORPRESA AL AMOR.

134

Si estás esperando una reacción del otro lado que no llega, es probable que no estéis en la misma sintonía. Cada alma tiene su tiempo, así que no sumes sentimientos negativos a todas tus expectativas. Dale tiempo al amor y conecta con tu amor propio. Debes entender que, a veces, aun sintiendo amor, el ser humano limitado se bloquea y no es capaz de amar. Busca la conexión.

MENSAJE MÁGICO: MOMENTOS DE TRANSICIÓN.

135

La magia de los ángeles te protege para que este amor tan puro sea maravilloso. Disfruta este gran amor sin miedos ni limitaciones, porque hay mucha prosperidad en el camino.

MENSAJE MÁGICO: PROTECCIÓN SUPREMA.

136

Tu vida mejorará notablemente si empiezas a tomar decisiones, ordenas tu forma de amar y te propones hablar claro y amar sin tener que limitar tus necesidades. Busca clarificar tu mente, ordena rápido tu camino y comprende que lo que hoy te sucede tiene mucho que ver contigo.

MENSAJE MÁGICO: ES MOMENTO DE TOMAR LAS RIENDAS.

137

Si estás parado en el dolor del pasado y sientes miedo de avanzar, es muy probable que proyectes toda esta energía hacia el futuro. Debes confiar más en el amor que te brinda hoy la vida y actuar desde el corazón y directamente en conexión con el amor verdadero, sintiendo este momento como un paréntesis con buena proyección al futuro.

MENSAJE MÁGICO: AMA TU PRESENTE.

138

En este momento ya estás listo para un gran y nuevo amor. Vívelo con mucha alegría, disfruta y siente la brisa de lo nuevo. Renueva tu ropa, tu físico y tu espíritu y ama sin medida. El destino te pide que disfrutes al 100% este momento mágico sintiendo la protección de los ángeles.

MENSAJE MÁGICO: NUEVOS TIEMPOS.

139

La ley de atracción está unida siempre al futuro. Pronto recibirás materializados los mensajes que enviaste al universo. Siente su energía renovadora confiando que el camino del amor está más que protegido.

MENSAJE MÁGICO: EL UNIVERSO CONSPIRA.

140

Llegó el momento de tomar decisiones, el momento para que materialices tus cambios. El amor, como un rayo de fuego, llega a tu vida para que avances y proyectes todo lo que siempre has buscado. ¡Vívelo!

MENSAJE MÁGICO: LA FUERZA DE LO QUE PEDISTE LLEGA.

141

Ponte en un lugar donde el otro pueda tener espacio, pues no solo tú eres dueño de la verdad. El amor es un sentimiento que tienen todos y cada uno de los estados, pero, si no das espacio para compartir, no habrá posibilidad de que siga creciendo sano. El destino te pide que salgas de esta situación negativa y que aclares un poco más qué tipo de amor estás dando al otro.

MENSAJE MÁGICO: VUELVE A TI Y MIRA TU CORAZÓN.

142

No habrá nadie en tu camino si no logras convertir en positivos tus pensamientos y sentimientos. Pon en práctica la concentración y deja de pensar en lo que has hecho hasta ahora. El destino te pide que rompas viejos esquemas y construyas un vínculo de amor y no una nueva experiencia llena de limitaciones.

MENSAJE MÁGICO: CAMBIA TU VISIÓN.

143

Trata de convencerte de que sí puedes llevar a cabo este vínculo. Haz un ejercicio con tus estados de ánimo y te sentirás más aliviado cada día. Pide poder controlar tus palabras y vive este amor con más simpleza para que podáis hablar un mismo idioma.

MENSAJE MÁGICO: CALMA TU CORAZÓN.

144

Disfruta este momento maravilloso. Vívelo y tómalo como una experiencia única, sin pensar en qué pasará mañana, pues nadie lo sabe. Todavía tienes tiempo de conectar para lograr el amor. El destino te pide que rompas las viejas barreras y abras más tu corazón. Al otro lado hay buenos sentimientos, ¡siéntelos!

MENSAJE MÁGICO: DEJA LAS LIMITACIONES.

145

Acepta que la única corriente que fluye como un agua clara en tu vida es el bienestar. Siente esta energía renovadora y deja de ponerle resistencia. La bondad está muy cerca de ti. El destino te pide que controles tus estados de ánimo y aceptes que el camino está libre y claro.

MENSAJE MÁGICO: PERMITE QUE LLEGUE A TI LO BUENO.

146

Si te sientes querido y amado es porque este sentimiento es real; deja de preguntarte por qué en cualquier situación, pues las dudas te traerán más dudas. Permítete manifestar nuevas experiencias en tu vida y deja de lado todas las dudas.

MENSAJE MÁGICO: NO DUDES DEL AMOR.

147

Si entiendes cómo funcionan tus vibraciones frente a la vida y cómo tus patrones responden a tus emociones, podrás tener claro cómo generar un cambio y renovación constantes. El destino te pide que actúes desde el amor; solo así, lo que desees sucederá.

MENSAJE MÁGICO: ACTIVA TUS BUENAS VIBRACIONES.

148

Si sientes que este amor todavía no ha logrado estabilizarse, pide protección y claridad al universo sin ponerle resistencia a lo deseado. El destino te pide que pongas mucha emoción al sentimiento y de este modo crecerá en muy poco tiempo.

MENSAJE MÁGICO: CONECTA CON EL ENTUSIASMO INTERIOR.

149

Si no tienes claro lo que no quieres, no podrás tener claro lo quieres y deseas. Pon claridad a tus días y decide de una vez por todas el camino a seguir. Debes ordenarte para avanzar en este vínculo y hacerlo desde un lugar más claro y con amor.

MENSAJE MÁGICO: TIEMPO DE ANÁLISIS.

150

Mira a tu alrededor y disfruta con más alegría el presente. El amor está a tu alcance, no pidas cambios cuando todo va en sintonía. Calma las ansias y disfruta más el presente, amando sin darle vueltas.

MENSAJE MÁGICO: VIVE MÁS EL PRESENTE.

151

¡Eres una persona libre! Puedes decidir por qué camino seguir, pues tu pasado ya no tiene que ver con tu presente. Despierta, activa tus sentidos y vive como si fuese el último día. Cada persona que pasa por tu vida es mágica y si se cruzó contigo es para vivir una experiencia nueva.

MENSAJE MÁGICO: DEJA EL PASADO ATRÁS.

152

Los que te observan quedarán sorprendidos frente a tu cambio, y ni tú mismo creerás lo que hará el amor en ti. Disfruta este momento como único. El destino te pide que vivas con alegría y amor lo que se presenta en tu vida, tomándolo como una bendición.

MENSAJE MÁGICO: AMA TU VIDA.

153

Comienza a escribir una nueva historia sin prisa pero sin pausa, no importa todo lo que hayas vivido hasta ahora, pues la vida te presentará un nuevo escenario. El destino te pide que apuestes por lo nuevo y que lo vivas intensamente.

MENSAJE MÁGICO: PROCESO DE EVOLUCIÓN.

154

A veces, con la idea de cuidarlo y protegerlo de los demás, encerramos el amor. Sin embargo, ello no tiene sentido alguno, porque las energías negativas siempre están al acecho y pueden llegar por cualquier vía. El destino te pide que, para cuidar realmente este amor, lo hagas con palabras y cuidados profundos.

MENSAJE MÁGICO: REVISA TUS MOVIMIENTOS.

155

Cuando dices «quiero que suceda, pero no pasa nada», estás decretando que no va a suceder. Mejor cambia esa frase por «quiero que me suceda, estoy listo». El destino te pide que estés más en sintonía y que vivas el amor desde un lugar más sano y evolutivo.

MENSAJE MÁGICO: PERMITE QUE LOS CAMBIOS LLEGUEN A TU VIDA.

156

Escribe el mejor guion de tu vida y anímate a evolucionar y a crecer en el amor para que alguien diferente llegue a ti. La liberación está a un paso. Busca un nuevo cuaderno y empieza a vivir lo más hermoso del mundo: amar sin límites.

MENSAJE MÁGICO: PERMÍTETE NUEVOS DESAFÍOS.

157

El poder de tus pensamientos es la fuerza más grande que hay, pues lo que piensas y cómo lo piensas acabará sucediendo. Toma conciencia de tu fuerza interior y conéctate con el tipo de amor que necesitas. Debes ser consciente de lo que buscas en realidad para no proyectar obstáculos innecesarios en tu vida.

MENSAJE MÁGICO: EL PODER DE LOS PENSAMIENTOS.

158

Cuando reconoces un alma y logras conectar con ella, el cuerpo te manda vibraciones muy fuertes. Así, si tu destino se para frente a ti y te propone una nueva forma de amar, no debes tener miedo. Enfócate en sentirlo y vivirlo con mucha alegría.

MENSAJE MÁGICO: ENCUENTROS MÁGICOS.

159

No te obstines todo el tiempo en que las cosas sean una manera concreta, porque amar es amplio y se puede construir aun siendo diferente al otro. El destino te pide que hables y pienses menos para sentir más el amor.

MENSAJE MÁGICO: BAJA LA GUARDIA.

160

Tu felicidad no depende de lo que hagan los otros, sino del equilibrio y orden espiritual que logres tú mismo. No exijas cambios repentinos en el amor, acepta los tiempos del otro y también apoya tu alma para que esté más conforme consigo misma. El destino te pide que seas más consciente de que el amor es cosa de dos.

MENSAJE MÁGICO: NO PIERDAS EL EJE.

161

Transforma la energía negativa en positiva. Cambia los pensamientos sombríos para reconectar y activar nuevamente el amor. Enfócate en las cosas buenas que viviste y trata de olvidar por un rato las mochilas del pasado. El destino te pide que vivas el amor con más libertad y sientas la necesidad del cambio.

MENSAJE MÁGICO: CAMBIA DE DIRECCIÓN.

162

Es momento de alegría. Siente el amor puro correspondido que está llegando y vívelo como si fueses a morir mañana. Disfruta sin miedos, porque estás viviendo tu destino. El destino te pide que estés feliz en esta etapa y que la vivas al máximo.

MENSAJE MÁGICO: EL ARCOÍRIS ESTÁ POR ENCIMA DE TI.

163

Organiza un viaje corto, prepara una salida inesperada, renueva el amor con una sorpresa. No te dejes llevar por la rutina y entiende que el amor también es sorprender al otro.

MENSAJE MÁGICO: SAL DEL ESTANCAMIENTO.

164

Vendrán momentos muy bellos para ti. No te olvides de decir «gracias». Una energía muy fuerte estará por encima del amor protegiéndolo y acompañándolo. Siente la bendición del amor y la gran alegría de lo correspondido.

MENSAJE MÁGICO: BRILLA COMO EL SOL.

165

Si no tienes claro algo, habla desde el corazón; es la técnica más antigua y que da mejores resultados. El amor siempre triunfa en ese vocabulario. El destino te pide que ames sin medida y que digas siempre los sentimientos de amor.

MENSAJE MÁGICO: HABLA DESDE EL CORAZÓN.

166

Antes de tomar una decisión desde el enojo o de manera apresurada, evalúa. Haz un recuento de todo lo vivido y mira cuánto pesa espiritualmente después aclarar tu cabeza. Espera, toma aire y luego retoma. Tómate un tiempo y un espacio antes de decidir y luego retoma la ruta.

MENSAJE MÁGICO: NO TE APRESURES.

167

Las segundas oportunidades a veces son buenas. Date una oportunidad para ver si puedes ver con claridad qué tipo de amor necesitas en este momento. El destino te pide que no pongas el freno y recapacites. Si buscas en tu interior, ahí está la respuesta.

MENSAJE MÁGICO: EL AMOR CONTINÚA.

168

Cuando controles tus estados de ánimo y dejes a un lado las dudas y los temores, la vida tomará su camino con fuerza y continuará su evolución. Debes ordenarte espiritualmente, calmar los miedos y avanzar hacia el futuro.

MENSAJE MÁGICO: CONFÍA PARA AVANZAR.

169

Si pudieras saber cómo afectan tus patrones a tu vida, lucharías para cambiar las vibraciones que no te benefician. Así pues, trabaja para entender cómo actúan tus vibraciones y cómo influyen en tu experiencia. El amor se siente y ese es el estado más importante.

MENSAJE MÁGICO: CAMBIA MIEDO POR AMOR.

170

Aquello que llama tu atención es aquello que estás planificando para el futuro. Trata de proyectar pensamientos positivos viendo un futuro diferente entre dos. La vida no se hizo para vivirla solo. Planifica amor del bueno, monta cada día un escenario único lleno de alegrías y el amor llegará a ti para nunca irse.

MENSAJE MÁGICO: LA LEY DE LA ATRACCIÓN.

171

¿Cuántas cuestiones necesitas plantearte antes de tomar una decisión? ¿Qué necesitas que pase para saber cuál es el mejor camino? Ocúpate solo de recibir amor del bueno y permítete pararte para recibir lo verdadero.

MENSAJE MÁGICO: ACTÚA YA PARA TU CAMBIO SIN DARLE MÁS VUELTAS.

172

Ama con alegría y vive esta etapa de tu vida sin miedos. Las bendiciones están llegando, siéntelas. El destino te pide que disfrutes esta etapa única, sintiendo los vientos a tu favor.

MENSAJE MÁGICO: EL AMOR TODO LO PUEDE.

173

¿Cuánto hace que no organizas algo que te divierta y que te haga feliz? Improvisa, toma aire, siente la energía de los ángeles, vive con amor y para el amor. El destino te pide que pares un poco la rutina, que hagas algo con tu amor o para el amor y que avances en la evolución.

MENSAJE MÁGICO: SORPRESA.

174

Lo que estás viviendo no es para que te quedes con ello. Siente lo bueno que te aporta —también el aprendizaje— y deja que todo siga su curso. El universo te pide que entiendas que todo fluye y que los miedos solo traen limitaciones.

MENSAJE MÁGICO: DEJA QUE TODO FLUYA.

175

Haz un viaje, pasea, visualiza tu futuro, descansa del estrés. El amor nunca se llevó bien con el encierro ni la asfixia. Es momento de abrir nuevos caminos.

MENSAJE MÁGICO: MOMENTOS DE DISFRUTE.

176

Nada puede fluir si no hay amor. Confía en este sentimiento y en todo lo que has dado hasta el momento; en breve lo verás todo con más claridad. Confía también en que el universo no dejará las cosas así. El destino te pide que abras el corazón. Dentro de un tiempo, todo se reordenará.

MENSAJE MÁGICO: TIEMPO DE ESPERA.

177

Quizás ha llegado el momento de dejar ese amor viejo atrás y poder conectar con las sorpresas de la vida. El destino te pide que no te opongas a lo nuevo y que reaprendas a amar, estando más abierto a lo desconocido.

MENSAJE MÁGICO: ÁBRETE A LAS SORPRESAS DE LA VIDA.

178

Ordena tu armario, tu habitación, tu oficina... Ordénate antes de tomar cualquier decisión. Las decisiones del amor siempre se toman en orden y con el corazón. Debes saber que el cambio llegó y que una energía llena de miedos puede estar limitando el avance.

MENSAJE MÁGICO: HAZ TU TRABAJO Y ¡AVANZA!

179

Vive con mucha alegría este amor y no dejes que nadie condicione tu futuro. Pocas almas conectan tanto, así que enfócate en amar y ser amado. El destino te pide que vivas siempre en armonía y libertad, dando paso a lo verdadero.

MENSAJE MÁGICO: CAMINO LLENO DE ARMONÍA.

180

¿Cuánto hace que no sientes amor? ¿Cuánto hace que no miras lo que necesitas realmente? ¡No te castigues más! Busca tu camino y avanza. El destino tiene el mejor plan para ti. Siéntete en armonía y replantéate cómo estás viviendo y qué es lo que realmente necesitas.

MENSAJE MÁGICO: ABRE TUS CAMINOS.

181

Si tienes que tomar una decisión, quizás ahora no sea el momento. Espera un poco y revisa qué tipo de amor necesitas. Haz una lista de lo que sumó y de lo que no te gustó y fíjate cuál pesa más. No intentes decidir tan rápido frente a las situaciones sentimentales y deja que pase el tiempo necesario para el avance.

MENSAJE MÁGICO: ESCUCHA TU CORAZÓN.

182

Ama de manera ilimitada y vive con una gran intensidad, como si fuese el último día. No pierdas tu visión ni tu camino. Eres un alma que hoy está siendo bendecida. Siente esta energía y disfruta el presente.

MENSAJE MÁGICO: SIENTE LA PROTECCIÓN DEL CIELO.

183

Recibirás una sorpresa. La vida está en constante movimiento, cree en esa energía y pide a tus ángeles que cuiden de tu futuro. El destino te pide que sientas los buenos vientos y conectes con lo más hermoso de la vida, que es el amor verdadero.

MENSAJE MÁGICO: NOTICIAS DE ALEGRÍA.

184

Decir palabras de amor es el remedio más eficaz del universo. Comunícate desde el amor con amor y conecta con su energía maravillosa que todo lo puede. El destino te pide que le digas al otro cuánto lo quieres y cuánto deseas estar cerca de él. Háblale en un idioma claro y lleno de buenas palabras.

MENSAJE MÁGICO: EL AMOR TODO LO CURA.

185

Llegó el momento de amar sin medida, de darlo todo y de vivirlo con alegría. No pienses que no va a ocurrir, ni pienses que las cosas no fluyen. Muy pronto tendrás novedades y verás que el amor toca tu puerta. Siente la energía del amor correspondido y ábrete a lo nuevo.

MENSAJE MÁGICO: ABRE TU CORAZÓN.

186

Dos personas caminan bajo un cielo y un arcoíris las cubre. Renueva tu fe y confía en que nada es más poderoso que el amor. Confía también en la magia de las protecciones y siente su energía única.

MENSAJE MÁGICO: PROTECCIÓN DEL CIELO.

187

Una pareja pelea sin parar, de repente se abre un cielo muy amplio sobre sus cabezas, la lluvia comienza a caer y los deja totalmente mojados. El destino te pide que no discutas, que seas consciente del amor que os tenéis y que respetes y escuches sin lastimar al otro.

MENSAJE MÁGICO: RELÁJATE Y CONECTA CON EL AMOR.

188

Unos enamorados están besándose en un jardín mientras un animal se arrastra en dirección a ellos. El destino te pide que tengas mucho cuidado con los enemigos ocultos, pues a la oscuridad jamás le gustó el amor.

MENSAJE MÁGICO: PONTE ALERTA.

189

Siente la energía mágica que te acompaña en este momento, los ángeles te cuidan y te protegen. Proyecta más caminos nuevos, enfócate en pensamientos positivos. El destino te pide que abandones lo que haya quedado del pasado y construyas lo nuevo en base al futuro.

MENSAJE MÁGICO: VIVE CON ALEGRÍA.

190

Una persona cruza un gran puente bajo el que corre mucha agua contaminada. El destino te indica que los miedos siempre están, pero que, si tomas fuerzas y tienes confianza, podrás sortear todas las pruebas que te ponga la vida y reencontrarte con la energía del amor.

MENSAJE MÁGICO: VENCE LOS OBSTÁCULOS.

191

Dos niños juegan contentos, disfrutando la vida, sin noción del tiempo ni del espacio. El destino te pide que disfrutes mucho lo que la vida te proponga y que ames sin medida, aunque parezca infantil.

MENSAJE MÁGICO: DÍAS DE DISFRUTE.

192

Es imposible que el amor termine fácilmente cuando es verdadero. Es imposible borrar con una goma los sentimientos. No quieras apresurarte y tómate el tiempo necesario para retomar el vuelo.

MENSAJE MÁGICO: EL AMOR DEJA HUELLA.

193

Imagina un escenario donde te gustaría cantar una canción e imagina cada persona que te gustaría que estuviera allí. Ahora, de la misma manera, visualiza cómo quieres verte en un tiempo y con quién. Es momento de comenzar a trazar tu propia vida de forma más amorosa y real. Entonces, el amor se hará presente.

MENSAJE MÁGICO: PROYECTA DESDE EL ALMA.

194

Los finales siempre traen tristeza. Sin embargo, deja de presentar más resistencia a los cambios y acepta tu presente, pues solo así prepararás el camino para tu futuro. El destino te pide que recibas con paz y aceptación los cambios, y que te prepares para el gran y nuevo futuro.

MENSAJE MÁGICO: ACTIVA TU DESPEGUE.

195

Busca siempre el diálogo en cada evolución de tu vida. El amor tiene todos los condimentos de la vida y la comunicación siempre es el camino. El destino te pide que brindes un espacio a la comunicación, la tranquilidad y el equilibrio para así tomar fuerzas y reactivarte espiritualmente.

MENSAJE MÁGICO: PERIODO DE TRANSICIÓN.

196

Siente el gran cambio de tu vida con alegría, ponle la cuota de amor a cada cosa que hagas y habla desde el corazón con ese ser que quieres en tu camino. El destino te pide claridad mental y alivio en tus deseos. La comunicación como un arma única funciona cambiando parte de la historia.

MENSAJE MÁGICO: EL CAMBIO EN CAMINO.

197

Las sorpresas de la vida están por manifestarse. Siente las señales, siente el amor como una bendición y vívelo sin miedos. Enfócate en ordenarte para disfrutarlo. Para ello necesitarás vibrar alto, con los sentidos puestos en los deseos, y dejar que las cosas sucedan.

MENSAJE MÁGICO: SE ACERCA LA AVENTURA.

198

Nada de lo que hoy ocurre en tu vida es porque sí. Todo está escrito. Deja que el destino haga su trabajo; tú pon voluntad y ama sin medida, sin tener que dudar en cada paso que das. El destino te pide que disfrutes cada momento de la vida y que ames, pues es lo más precioso y lo único que te salvará.

MENSAJE MÁGICO: EL GRAN CAMBIO.

199

El sol sale para todos, pero sale con más fuerzas para ti. Siente esa energía maravillosa y vívela con fuerzas. El destino te pide que seas agradecido y no temas el amor. El amor puro está a un paso de tu vida. ¡Vívelo y disfrútalo!

MENSAJE MÁGICO: MAGIA DEL AMOR.

200

Siente la energía mágica del amor, la energía que todo lo puede. Vive con amor y deja los miedos de lado. La llamada llegará a ti como un fuego y hará que el destino se cumpla. No sientas temor en el camino y vuelve a confiar en las sorpresas de la vida.

MENSAJE MÁGICO: NUEVOS CAMINOS.

201

Un ángel está posado sobre la espalda de una muchacha que llora desilusionada mientras llueve a cántaros en medio de un campo. El destino te pide que detengas el sufrimiento, que te conectes con el yo interior y que regreses a tu eje, pues los dolores de la vida siempre cesan. Una gran protección cubre tu futuro y te prepara para las nuevas sorpresas de la vida.

MENSAJE MÁGICO: LA LLAMADA MÁGICA ESTÁ CERCA.

202

Dos niños juegan en un arenero, disfrutando sin parar. De repente, se acerca un bicho capaz de picar, sin que nadie se dé cuenta, a quien tome como presa. El destino te pide que disfrutes del amor de la inocencia sin dejar de estar atento a la oscuridad, siendo consciente de los enemigos ocultos y protegiéndote de ellos.

MENSAJE MÁGICO: SÉ CUIDADOSO.

203

Lo único que existe fijo en nuestras vidas son los pensamientos. No hay nada más que se quede quieto y los cambios siempre se hacen sentir y llegan como un tsunami. Olvídate de las creencias fijas, siente los cambios y activa con fuerzas el corazón para concretar desde el amor verdadero tu destino escrito.

MENSAJE MÁGICO: EL CAMBIO A UN PASO.

204

Piensa si eres feliz con tanta presión. Recuerda los momentos en que te sentiste feliz y alegre, recupera tus ganas y pon tus deseos como prioridad. El destino te pide que actives nuevamente tu camino siguiendo tu instinto y conectándote con la energía máxima de tus guías.

MENSAJE MÁGICO: DESPERTAR MARAVILLOSO.

205

Si estás viviendo una situación límite, es el momento para que revises qué consecuencia te trajo el no decidir con el alma. No pongas más resistencia a tu cambio, activa tus sentidos y sigue la dirección del río —siempre para delante nunca para atrás—, menos en aquellas decisiones que tu alma ya tomó hace tiempo. El destino te pide que no atrases más lo nuevo.

MENSAJE MÁGICO: EL FUTURO TE ESPERA.

206

No puedes recibir amor si no estás preparado para darlo. Tu esencia puede ser pura, pero estás ubicado en un lugar donde la energía no fluye como debería. El destino te pide que conectes con tu alma y actives tus sentidos desde el corazón para ponerle amor al amor y recibir automáticamente los resultados.

MENSAJE MÁGICO: LO PURO GANA.

207

Siente la magia de nuevo, vívela con alegría, construye puentes imaginarios firmes, donde nada pueda detener en tu futuro. El destino te pide que conectes con tus guías, que ames sin medida, que te prepares para lo verdadero y que sientas que nada malo podrá suceder.

MENSAJE MÁGICO: LLEGA EL CAMBIO.

208

Quizás hace tiempo que estás muy solo espiritualmente, quizás tu corazón necesita un aire nuevo, quizás el cambio sea primero por ti... No te castigues más, los ángeles de luz están listos para guiar tu camino. Conéctate con la magia de lo bueno y ve firmemente a ponerte de nuevo en el punto de partida.

MENSAJE MÁGICO: VOLVER A EMPEZAR.

209

Mira dentro de tu corazón y siente tu alma, lo verdadero que nunca falla. Quizás el camino sea como una tortuga —lento—, pero será muy seguro y eficaz. No pierdas la fe y sigue. No pienses que las cosas no llegan y déjate fluir con la magia y la inteligencia de lo lento, que tarda, pero llega con más fuerzas.

MENSAJE MÁGICO: EL TIEMPO SEGURO.

210

Dos amores se miran con dulzura, se sienten y conectan desde el corazón; son dos almas unidas desde lo más profundo. El destino te pide que no desvíes ni cambies tu sana forma de amar, pues lo puro siempre triunfa y, a pesar de que existan algunas tormentas pasajeras, el universo hará su trabajo para que los seres vivan y cumplan su destino.

MENSAJE MÁGICO: LO SUPREMO ES PRESENTE.

211

El amor no tiene tiempos ni fronteras, la única verdad es lo que hace el ser humano con ese sentimiento. Revisa si estás dispuesto a amar sin límites y si tu cuerpo está dispuesto a unirse a tu corazón. Deja de poner limitaciones a lo nuevo y a lo verdadero.

MENSAJE MÁGICO: NUEVOS AIRES.

212

Después de un tiempo, las oportunidades siempre vuelven a surgir. Prepárate para la llegada del renacer y siente su energía como un despertar nuevo, sano y positivo. Puedes estar seguro de que todo está en orden. El destino te anuncia una nueva oportunidad desde el amor y para el amor.

MENSAJE MÁGICO: NUEVO AMANECER.

213

La conexión con los demás no se origina en este plano, siempre viene de la mano de lo mágico. El amor es una unión suprema de almas que ya se unieron en otras vidas, y en esta deben crecer más aún y lograr la evolución. El destino te pide que sigas el camino y lo vivas con alegría, amor y positividad.

MENSAJE MÁGICO: HACIA LA EVOLUCIÓN.

214

Pide a tus guías espirituales que te acompañen en esta nueva etapa. Haz una oración y luego retoma tu camino. El amor será más firme y seguro con este acompañamiento, pero no debes olvidar ser firme en tus decisiones. El destino te pide que creas en el amor y que captes las señales.

MENSAJE MÁGICO: AMOR PROTEGIDO.

215

Cuando llegue a tu vida el amor de tu vida, te darás cuenta, porque sentirás que tu corazón ya no puede estar solo. No dudes tanto, confía, siente y espera el futuro que está solo a un paso.

MENSAJE MÁGICO: EL AMOR ESTÁ A UN PASO.

216

Si tu corazón está ansioso o inestable es que se encuentra en un proceso todavía lejos del desenlace. El destino te pide que no te apresures a tomar decisiones. Antes debes calmar el corazón, hablarle al amor desde lo más puro y conectar con lo mágico que son nuestros guías y que siempre nos dan señales.

MENSAJE MÁGICO: SEÑAL DE PROCESO.

217

Por unos segundos, piensa con fuerza y dile a esta alma maravillosa cuánto la amas y qué quieres de ella, y el universo mágico hará su parte. Debes entender que el camino está escrito, pero los momentos de prueba y crecimiento son inevitables.

MENSAJE MÁGICO: CONFÍA EN LA MAGIA.

218

Caminar a la par del amor conlleva su trabajo y el respeto es lo más importante para seguir el camino. El destino te pide que no te alejes del amor, sino que trabajes duramente en tu evolución para lograr volver al eje desde el amor y lo puro.

MENSAJE MÁGICO: CONTINUIDAD.

219

Cuando pones en manifiesto toda la energía positiva de amar, rápidamente los ángeles harán su trabajo. Tú también tienes que hacer tu trabajo elevado desde el amor y elegir entre los pensamientos positivos y negativos, así tu relación será más saludable y amorosa.

MENSAJE MÁGICO: TRABAJO DIARIO.

220

Siente estos tiempos como mágicos, este renacer como único y este nuevo cielo como fuerte y protegido por tus guías. El destino te pide que creas en el amor; este amor que ya está en tu vida y que solo necesita ser alimentado y recibir fuerzas para su continuidad.

MENSAJE MÁGICO: CONFÍA EN LA PROSPERIDAD Y EN TU ÉXITO INTERIOR.

221

Tomaos este tiempo para descansar uno del otro y sentidlo como un aprendizaje y no como un castigo. Relájate, tómatelo como un proceso de cambio y deja que el incendio se calme para volver a ser semilla de amor.

MENSAJE MÁGICO: *IMPASSE.*

222

Considérate una persona libre. Ya estás fuera de las cadenas que te ataron al pasado, ahora eres libre para seguir tu camino. El destino te pide que mires con detenimiento dónde estás parado en tu presente y que des vuelta a la página para volver a comenzar. También te pide que calmes el corazón y sientas la energía viva de los nuevos caminos, preparándote así para un nuevo gran amor.

MENSAJE MÁGICO: NUEVO DESPERTAR.

223

Si las decisiones que estás tomando te hacen sentir bien, entonces estás en lo correcto. Aparta todo tipo de apego en la vida y enfócate en amar libremente. Activa tu vida y disfruta sanamente de este nuevo escenario. No dudes ante lo que debas cambiar y siente la gran protección de tus guías.

MENSAJE MÁGICO: DESPÓJATE DE LOS APEGOS.

224

La alegría siempre debe estar en tu vida, tu trabajo no es hacer que suceda algo ni provocar cambios, pues las fuerzas del universo son las que se ocupan de eso. El destino te pide que no dudes de todo lo que diste. Tu cosecha, tu amor..., todo lo entregaste en este vínculo y está bien así. Deja que todo fluya y verás los milagros plasmados.

MENSAJE MÁGICO: LO SUPREMO.

225

No puedes cambiar a la otra persona si la misma no quiere. No puedes forzar las cosas, porque cada uno tiene sus tiempos. Llegó el momento de detenerse y ver claro el camino; ver qué es verdaderamente lo que tu alma necesita. El destino te pide que cobres fuerzas, tomes impulso y cambies de rumbo.

MENSAJE MÁGICO: PRIORIDADES.

226

La vida te está poniendo todas las señales posibles para que te des cuenta de que debes vivir el hoy. Tu decisión es la correcta, el amor está en ti y para ti en tu presente y tu futuro. Recibe las señales y vive al 100% este nuevo despertar con más seguridad y alegría.

MENSAJE MÁGICO: MOMENTOS DE ABUNDANCIA.

227

Llegó el momento de dejar atrás ese trauma, esa dolencia, esa energía que no dio paz. Vive como siempre, pero teniendo la convicción de que tus ángeles te protegen y te cuidan y todo irá muy bien. El amor será para ti unas cataratas de continuidad y presencia.

MENSAJE MÁGICO: ESTÁS PROTEGIDO.

228

Visualiza una fuente de agua colmada de agua fresca y radiante, ante la cual hay dos personas muertas de sed. El destino te pide que veas todos los premios de la vida, sientas su energía como única y evites quedarte en la duda. Hoy tu presente será una gran evolución para ti. Siente, vive, activa y disfruta lo más puro que es el amor, así como el agua.

MENSAJE MÁGICO: PUREZA.

229

Eres tú quien creas tu propio camino. En cada paso que das hay una comunión entre tú y el universo. Enfócate en crear pensamientos y acciones positivas. Ve por tu éxito, por tus logros, por tu camino bien asegurado, donde lo que construyas sea un logro para ti. El destino te pide que vivas este gran amor como único. Deja de dudar y de insistir en tus miedos, ten confianza y avanza en este gran amor.

MENSAJE MÁGICO: AVANZA CON CONFIANZA.

230

El amor ha llegado a tu vida. Siente su energía sanadora y positiva y vive con alegría este cambio. Vive con amor y para el amor sano. Siente el comienzo de algo nuevo y construye bases sólidas y puras.

MENSAJE MÁGICO: ALEGRÍAS DE AMOR.

231

Tu trabajo no es medir a la persona que tienes delante ni probártela como una prenda. Tu destino es confiar en el amor y en el momento que estás viviendo actualmente. Deja de calcularlo todo con una regla y disfruta lo que el destino propone en tu presente.

MENSAJE MÁGICO: CONFÍA EN TUS GUÍAS.

232

Piensa cuánto tiempo pierdes en decir a esa persona cuánto la amas y ten presente que el tiempo que pierdes no regresa nunca. No se trata de decir, sino de sentir. Activa tus sentidos confiando en el universo y avanza desde el lugar más sano y positivo que es el amor. Deja de amar a medias y ama de pleno, sintiendo la energía mágica de lo simple y lo puro.

MENSAJE MÁGICO: PRACTICA LA ENTREGA.

233

Dos almas que se cruzan no pueden olvidarse fácilmente. Siente la energía diferente de la llegada del amor y vívela con gran apertura, conectando lo puro y sabio del destino.

MENSAJE MÁGICO: UNIONES DEL DESTINO.

234

Estás viviendo un viaje puro y espiritual. Tu camino está bendecido, así que deja de sufrir y de dudar tanto en tu presente. Enfócate en seguir el camino del amor puro y conectarte con lo que hoy la vida te propone. El destino te pide que te enfoques en lo verdadero y te abras a lo más profundo que es el amor.

MENSAJE MÁGICO: CAMINOS NUEVOS.

235

No analices tanto el camino, pues la manifestación ya está en tu vida. Siente que la decisión que hoy has tomado es la correcta. El destino tiene pasos firmes marcados en la vida y los tuyos ya están escritos. Habla claro, con el corazón y desde el alma, y siente su energía única.

MENSAJE MÁGICO: TOMA UNA ACTITUD PRÁCTICA.

236

Para sentir la energía de fidelidad, primero debemos hacer un trabajo como personas de bien. La fidelidad a nosotros mismos es el primer paso para lograr el amor correspondido. El destino te pide que revises y dejes atrás los prejuicios y los miedos para poder ser impulsado a lo verdadero que es el amor.

MENSAJE MÁGICO: EL PRIVILEGIO DE LO SANO.

237

La armonía del alma es un antídoto que se encuentra dentro de nosotros mismos. Basta con escuchar el alma y el corazón para poder conectarnos con lo verdadero. El destino te pide que busques bien en tu interior y veas qué tipo de situación quieres vivir, en qué escenario quieres participar. El amor quiere estar presente en tu vida, déjalo que entre y siéntelo desde tu esencia.

MENSAJE MÁGICO: SIENTE LA ENERGÍA DEL AMOR.

238

Conecta con una actitud sagrada y no te olvides de cuidar este vínculo curando las heridas del pasado. Mantén la armonía y configura un nuevo plan de amor para la renovación constante de lo puro. El destino te pide que te centres en lo puro y lo sagrado y que sientas el amor como verdadero y único en esta etapa de tu vida.

MENSAJE MÁGICO: RECICLA LO NEGATIVO.

239

Tu estado de conciencia está listo, pues tu evolución ha llegado al punto máximo para este momento. Vívelo con mucha pasión y siente que pronto el amor estará en tu vida como un fuego. Ya nada podrá limitarte a vivir lo verdadero y lo bueno de la vida. El destino te pide que tengas la fuerza necesaria para sentir esta energía arrolladora y que vivas al 100% en el amor del bueno.

MENSAJE MÁGICO: MANIFIESTA TU ÉXITO.

240

Comienza a tomar una actitud cariñosa, una actitud más pura. Cuando uno da amor desde el corazón, este es tan fuerte y puro que cruza cualquier barrera. El destino te pide que busques un espacio para las palabras inspiradas por el amor y los gestos que derriban cualquier situación límite.

MENSAJE MÁGICO: USA TU SUAVIDAD.

241

Trata de proteger cada paso que das, pero también toma una decisión que cuide este amor que tanto quieres. Decir una palabra a tiempo, saber serenarse y conectar con lo verdadero hace que el amor sea fuerte y puro. El destino te pide que cuides, construyas y ames sin medida. El universo hará su parte, pero tú debes hacer la tuya.

MENSAJE MÁGICO: TRABAJA CON LA INSPIRACIÓN.

242

No esperes a que las cosas sucedan, ve a su encuentro. Di palabras de amor al amor y haz que todo siga su curso sin cortar lo verdadero. Confía en el amor y siente la energía mágica. Todo está superprotegido y puedes avanzar de forma positiva.

MENSAJE MÁGICO: MOMENTOS DE PLACER.

243

Sé más flexible en el amor. En las relaciones y vínculos, usa la energía para ordenar tus dudas y fortalecer tu camino. Habla y escucha desde el corazón y ten mucha paciencia para que todo pueda seguir su curso. El destino te pide que te ordenes y seas más flexible, que ames sin medida y fluyas siempre en tu propio beneficio. Conecta con esa maravillosa energía. Escucha, siente y abre el corazón, pues este siempre será el mejor camino.

MENSAJE MÁGICO: ABRE TU CORAZÓN.

244

Dos personas que se aman se encuentran después de mucho tiempo, se cruzan las miradas y vuelven a sentir el amor del primer día. El destino te pide que creas en la magia y que te des una nueva oportunidad para disfrutar de ese amor que quedó intacto en vuestros corazones.

MENSAJE MÁGICO: ALMAS GEMELAS.

245

Una mujer llora en un banco de una plaza. A lo lejos, una luz con mucha fuerza atraviesa su aura y se refleja en su corazón. El destino te pide que confíes en el ángel de la guarda. Lo que hoy puede ser dolor mañana puede ser el gran paso a la evolución.

MENSAJE MÁGICO: SIENTE LA MAGIA.

246

Una persona abrazada a su pareja mira fijamente a otra persona más joven que se encuentra a lo lejos. El destino te pide que trabajes con la claridad, escuches más al corazón y te des cuenta de que siempre te muestra aquello que no es verdadero. También te pide que la desilusión no sea una limitación para avanzar en el amor, en un amor sano y nuevo, que es lo que necesitas.

MENSAJE MÁGICO: SÉ FIEL A TI MISMO.

247

Siente la energía poderosa del amor para poder avanzar en tu camino. Conecta con los pensamientos positivos y activa tu corazón. El destino te pide que tomes tu fuerza interna y la uses en tu propio beneficio. Muy pronto las sorpresas maravillosas se te presentarán en la vida.

MENSAJE MÁGICO: CAMBIO SORPRENDENTE.

248

El amor no puede taparse con una mano ni puede esconderse detrás de un árbol. El amor siempre encontrará la forma de hacerse sentir en la vida de dos seres que están unidos desde el corazón. El destino te pide que te hagas cargo de cada situación que se presente en la vida y te permitas vivir y sentir lo verdadero que es la llama del amor.

MENSAJE MÁGICO: EL AMOR TODO LO PUEDE.

249

Da tiempo a las cosas, siente este momento como único aprendizaje, calma tu corazón y escucha las señales de los ángeles, que te piden tener la sabiduría y la paciencia exacta para transitar este momento de prueba. Siente la claridad de tus pasos y confía en lo que diste.

MENSAJE MÁGICO: CONFÍA.

250

Dos personas se miran a los ojos y se reconocen de otra vida, porque una fuerte energía —que no se parece a nada de lo vivido hasta ahora— los une. El destino te pide que sientas este amor que traspasa lo terrenal, que te conecta con lo eterno y te une en una conexión para siempre.

MENSAJE MÁGICO: PUREZA ETERNA.

251

Busca en tu interior si este amor que estás viviendo te da lo que necesitas y revisa cuántos momentos de felicidad hay en tu cuenta de los últimos días. Priorízate, ordénate y trabaja el merecimiento.

MENSAJE MÁGICO: PROCESO.

252

Dos personas se miran a los ojos, se unen en esa mirada y logran verse en una única conexión en la que no hacen falta las palabras. Bendice la magia del amor y confía en esta conexión única.

MENSAJE MÁGICO: UNIÓN DE ALMAS.

253

Un *impasse* no siempre es un final. Tomar distancia te puede ayudar a regresar diferente y con más fuerzas. El destino te pide que respetes los momentos de cada uno y que te des el tiempo para respirar aire puro. Siente la energía del proceso y confía en lo que el destino propone.

MENSAJE MÁGICO: PROCESO.

254

Siente el amor como bendición, siente la buena energía y deja de pensar si algo puede cambiarlo todo. Es momento de recibir la cosecha, la alegría. Siente la brisa de la buena vibración. El destino te pide que disfrutes este momento y lo transites sin dudas.

MENSAJE MÁGICO: CONFÍA EN LA CONEXIÓN DEL UNIVERSO.

255

El momento que estás viviendo no es más de lo que te mereces; el amor como bendición y prosperidad está llegando. Puedes amar libremente y ser amado, no dudes en avanzar con alegría.

MENSAJE MÁGICO: MOMENTOS DE PROSPERIDAD.

256

Revisa bien tu propósito. Revisa bien si estás cómodo con lo que sucede en tu corazón. Conecta con la energía de tu alma y vibra a través de ella. El destino te pide que regreses a tu eje y revises si este amor te está llevando a tu gran propósito de vida.

MENSAJE MÁGICO: VUELVE AL EJE.

257

Visualiza una mujer que recibe un cuadro lleno de flores de colores envuelto en un papel perfumado y lo tira al lado de una cama. El destino te pide que des valor a las situaciones que se te presentan. Conectar con lo verdadero hace que la vida tenga más sentido.

MENSAJE MÁGICO: NO RETROCEDAS.

258

Dos jóvenes se aman con locura y sienten la energía del amor que todo lo puede. A través de esta imagen, el destino te pide que lo sientas todo como joven y eterno, y hagas que todo sea maravilloso y bendecido.

MENSAJE MÁGICO: SIENTE LO VERDADERO.

259

Trabaja el reconocimiento del otro. Pide sin lastimar y desde la conexión para seguir alimentando tu camino. Si tienes amor, habla con amor. Si quieres tenerlo, pide con amor el tipo de alma que necesitas. El destino te pide que trabajes tu merecimiento para poder avanzar en tu propio beneficio.

MENSAJE MÁGICO: EVOLUCIÓN.

260

Un rayo dorado cruza tu vida para hacerte sentir amado. Estás viviendo y siendo protegido por lo supremo que son nuestros guías. Alégrate y siente este amor con mucha fuerza, notando que los cambios están a tu favor. Deja atrás los miedos y la negatividad para avanzar en paso firme hacia tu futuro.

MENSAJE MÁGICO: SABIDURÍA SUPREMA.

261

Una mente abierta y un corazón enamorado hacen una pareja perfecta. Siente que el destino te acompaña a cada momento y este amor único, también. Visualiza tu futuro en amor y comprende que los tiempos son sabios. El amor siempre jugará un papel favorable en tu vida. El destino te pide que conectes con la sabiduría suprema y profunda y que ames con el corazón y sin medida.

MENSAJE MÁGICO: LUZ DORADA.

262

Desapégate de lo pesado, sobre todo de lo que te lastimó. Confía en esta nueva etapa y camina con pasos fuertes y firmes para un futuro entre dos. El destino te pide que vibres en la frecuencia del amor y que seas sincero en todo lo que digas en la pareja o en relación a los deseos de pareja. El amor hará su trabajo para que todo circule en alegría.

MENSAJE MÁGICO: SINCERIDAD SAGRADA.

263

Pide a los ángeles la confianza y la valentía para atravesar este amor. Pídeles claridad para poder avanzar y decidir lo correcto y ellos intercederán en tu vida, dando un nuevo comienzo a lo verdadero. El destino te pide caminos nuevos pero seguros y firmeza en el corazón.

MENSAJE MÁGICO: CONFÍA EN LA MAGIA.

264

La serenidad y la paz vienen de la mano de la armonía y el amor. ¿Cuánto tiempo hace que no hay serenidad en tu corazón? Pide al destino la claridad necesaria para poder tomar las decisiones que necesitas y poder aclarar el corazón volviendo a tu eje. Necesitas orden y amor en el amor para que ese vínculo sea claro y puro.

MENSAJE MÁGICO: SERENIDAD.

265

Las influencias siempre nos dejan en un lugar negativo de la vida, más aún cuando opinan en cuestiones del corazón. El destino te pide que escuches más el alma y hables con ella para pedir a los ángeles que te guíen para continuar. Puedes volverte sereno y silencioso para clarificar el amor correspondido y avanzar en tu beneficio.

MENSAJE MÁGICO: LOS SILENCIOS VALIOSOS.

266

Dar gracias al universo por lo vivido también es evolucionar. Revisa si estás haciendo bien las cosas para que el otro esté en conexión contigo y pide al universo la claridad mental para dar marcha atrás y poder volver a poner primera en el único camino maravilloso que es el amor.

MENSAJE MÁGICO: VUELVE A AGRADECER LO QUE LA VIDA TE HA DADO.

267

Analizar tu situación actual puede darte una perspectiva más clara de tu camino. Siente el amor como algo pleno en tu vida y celebra la llegada de los cambios inesperados en tu propio beneficio. Debes tener claro cuál es tu misión en la Tierra y avanzar amando sin tantos miedos.

MENSAJE MÁGICO: CONFÍA EN TI MISMO.

268

Llegó el momento del cambio, llegó el momento de sentir que todo está a tu favor. Siente esta energía y vive con alegría este momento único. El destino te pide que no tengas miedo a lo nuevo y te alegres desde el corazón por este momento positivo.

MENSAJE MÁGICO: APROVECHA LAS SEÑALES.

269

Es el momento del cambio; siéntelo con mucha alegría. Deja de estar desanimado, pues una gran conexión con el amor necesita lo nuevo y lo grato. El destino te pide que sientas lo cerca que está el cambio y que conectes con la energía verde y sanadora que trae dicho cambio.

MENSAJE MÁGICO: ENERGÍA DIVINA.

270

Usa tu parte creativa, siente que es el momento para divertirte y también confiar en el amor. Habla y di qué necesitas para ser amado. Pide a tus guías protección absoluta y siente que todo estará bien en breve. Las cuestiones del amor siempre están protegidas.

MENSAJE MÁGICO: LO DIVINO ESTÁ EN MARCHA.

271

Sé bondadoso a la hora de hablar de tus sentimientos; las palabras siempre son mágicas si llegan desde el corazón. El destino te pide que avances para crear más continuidad en la vida y conservar el vínculo de lo sagrado.

MENSAJE MÁGICO: NO PIERDAS EL TIEMPO.

272

Activa nuevamente la comunicación y di todo lo que sientes. Habla y continúa el vínculo, pero dejando claros tus deseos más profundos para que todo sea armonioso. El destino te pide claridad y continuidad. Avanza, aunque sientas miedo, y sé sincero en tus palabras.

MENSAJE MÁGICO: NO TE DETENGAS.

273

No todos tenemos la capacidad de hablar con la verdad. En este vínculo, practica la palabra como algo supremo y positivo para ti. Avanza con pasos firmes y sanos hacia tu futuro, y ama sin medida, porque este amor será muy positivo. El destino te pide que vuelvas a sentir lo que alguna vez te unió y que no pierdas esa base sólida que es el amor.

MENSAJE MÁGICO: RECUPERA.

274

Busca la mayor conexión para llegar al alma y demuestra al otro tus sentimientos las veces que sea necesario para que todo siga su curso. El destino te pide que no pienses tanto y que hables desde el amor, que todo lo cura y todo lo puede.

MENSAJE MÁGICO: LO SUPREMO.

275

Dos personas que son destino se encuentran en un camino y no pueden dejar de mirarse. Una energía extraña los atrae, pero necesitan tiempo para asimilar lo que les pasa. A través de esta imagen, el destino te pide que no enloquezcas frente a los misterios de la vida y que disfrutes este tipo de bendiciones.

MENSAJE MÁGICO: SIENTE LA UNIÓN.

276

Cuando eres completamente honesto contigo sientes claridad en tus pasos. Deja de escuchar lo que te dice la gente que no sabe nada del amor y comienza a ser honesto en tus sentimientos. Vive con alegría y libertad, y avanza sin dar tantas vueltas a los acontecimientos positivos y las sorpresas de la vida.

MENSAJE MÁGICO: SER HONESTO ACTIVA TU ACCIÓN.

277

Ser amoroso otorga paz interior, y más cuando eres real en el amor. Deja de buscar en la basura lo que ya no te sirve ni te ha llenado el alma. Retoma el amor y vuelve a sentir la esperanza como llave para avanzar en este camino. No va a ser fácil olvidar lo que te hizo sentir pleno, pero debes abrir tu corazón a lo nuevo y verdadero.

MENSAJE MÁGICO: RETOMA LO VERDADERO.

278

La fe y el amor son una combinación poderosa que todo lo puede y tú vas camino de esa energía. Siente, ama y sé sincero en cada paso que des, porque pronto el destino te ofrecerá la bendición más hermosa: el amor.

MENSAJE MÁGICO: NUEVAS PUERTAS.

279

Confía en el rayo de luz rosado del amor que todo lo puede y todo lo atraviesa. El amor verdadero pasa por muchas pruebas y avanza sin medida, sorteando lo que separa. Pon bálsamo al amor y conecta con el puente de luz que trae esperanza y continuidad a los vínculos.

MENSAJE MÁGICO: AMOR SAGRADO.

280

A veces dos personas se cruzan para poder volver al punto de encuentro. El destino te pide que confíes en el amor. La continuidad brinda mucha energía a lo nuevo-viejo.

MENSAJE MÁGICO: RETOMA TU CAMINO.

281

Dos personas que se aman mucho se tropiezan con una piedra que los desune; una grita de dolor y la otra sale corriendo. El destino te pide que no te quedes anclado a ese dolor, que solo es superficial, y que vayas más a lo profundo —a lo que os unió desde el amor—, y te tomes el tiempo necesario para sanar las heridas y propiciar el reencuentro.

MENSAJE MÁGICO: EL TIEMPO SAGRADO.

282

Deja de pensar en el dolor y actúa desde la realidad que os unió. Activa los pensamientos y ve a por tus deseos. El amor pasa por todas las etapas y esta será de gran renacer. Confía en lo que tu alma te pida. No te quedes quieto y ve más allá de tus limitaciones. Avanza en tu beneficio dejando atrás el dolor.

MENSAJE MÁGICO: VUELVE AL EJE.

283

Es momento para practicar la paciencia y la tolerancia. Tu alma está dolida y en pausa, por lo que no puedes decidir nada con claridad. Debes trasmutar el dolor y el enojo para ver con claridad lo bueno que está por continuar.

MENSAJE MÁGICO: PUENTE DE LUZ.

284

Transita la vida con mayor fe y háblale de amor al amor. Di lo que sientes sin temor y avanza con pasos más firmes en tu vida. Deja atrás lo que no suma y lo que te disgusta. Da un abrazo y escucha sin esperar o reclamar tanto, confiando en lo que te hace realmente feliz.

MENSAJE MÁGICO: EL PODER DE LA PALABRA.

285

Coloca este problema y esta relación difícil en una nevera espiritual y dale el tiempo necesario para que todo se ponga en su lugar. Pide al destino la claridad y la astucia de no contestar cuando el corazón duela y espera, porque todo llegará de tal manera que las piezas volverán a unirse para sacar lo mejor del amor.

MENSAJE MÁGICO: TIEMPO DE PAUSA.

286

El amor nunca va de la mano de la agresividad y el reclamo. Pregúntate por qué solo estáis unidos a esta energía. El destino te pide la claridad para avanzar y poder resolver todos los problemas que hoy te desunen del amor y te unen a un camino de soledad.

MENSAJE MÁGICO: REVISA EL MAPA.

287

Eres un ser bendecido de luz y estás casi listo para el amor verdadero. Sigue las señales de tu alma y date cuenta de que estás preparado para transitar el gran cambio que llega para llenarte del amor del bueno.

MENSAJE MÁGICO: ESTÁS LISTO.

288

Vive este momento lleno de emoción y deja de buscar en lo que te limita. Tus ángeles de la guarda están listos para protegerte en el próximo viaje. Prepárate para recibir bendiciones desde el corazón. El destino te pide que gires página y camines hacia lo nuevo.

MENSAJE MÁGICO: CONFÍA EN EL PLAN DIVINO.

289

La claridad mental depende de la conexión con tu alma. Revisa bien si este amor que tienes en tu corazón te está dando lo que necesites. Activa tus sentidos y da un vuelco a tus miedos. El destino te pide que avances con pasos seguros y sin rodeos. Entrégate solo a lo verdadero.

MENSAJE MÁGICO: CLARIFICA.

290

Alégrate de lo generoso que ha sido el universo contigo. Ama mucho a la vida y al amor. Cambia tu forma de pensar y no dejes que el amor se vaya de tu vida. Pronto volverás a tener una nueva oportunidad, no la desaproveches y juega en primera con tus deseos más profundos.

MENSAJE MÁGICO: ACTIVA TU VIDA.

291

Solo las almas valientes aman con locura. Solo las almas sensibles pueden ver el corazón del otro. El destino te pide que cuides este amor como ninguno y que avances con pasos firmes hacia los deseos verdaderos para poder concretarlos.

MENSAJE MÁGICO: CONFÍA EN LAS SEÑALES.

292

Siente el rayo rosa del amor que todo lo alivia, esa luz que llega para poner un bálsamo a tu corazón. El destino te pide que conectes con el amor y que lo vivas con alegría, tratando siempre de amar incondicionalmente, de forma simple y real.

MENSAJE MÁGICO: NUEVA ENERGÍA.

293

Cuando actúas desde el corazón y con sinceridad, la vida te responde de la misma manera. Cuando el amor que das es incondicional y a la vez solo las cuestiones del corazón son las que vibran, entonces el éxito está asegurado. Siente la evolución que hay en esta energía clara y en el camino al que invita.

MENSAJE MÁGICO: CONFÍA EN TU CORAZÓN.

294

Pide a tus guías claridad mental y recuerda cuánto amor hay en tu interior. Revisa si lo que el otro te propone es algo viable para ti y actúa siempre a través de tus sueños. El destino te pide que confíes y avances ordenando bien tu parte espiritual.

MENSAJE MÁGICO: ERES UN CANAL MARAVILLOSO PARA RECIBIR BENDICIONES.

295

Mirar a los ojos y conectar con el otro es la mejor medicina del mundo. Siente la energía del amor correspondido y despeja tus dudas cuanto antes, pues el camino es largo. No te distraigas con pequeñas cosas y confía en la verdadera mirada del amor.

MENSAJE MÁGICO: EL AMOR VERDADERO SIEMPRE TRIUNFA.

296

El latido de tu corazón siempre estará unido a lo que tu alma necesita. Por eso, no tengas miedo de sentir soledad, confía en tu interior y avanza con pasos agigantados. El destino te pide que estés alegre y te sientas seguro, porque, si confías en la entrega del amor verdadero, esta vez todo saldrá mejor.

MENSAJE MÁGICO: CONFÍA EN LO SUPREMO.

297

Es un tiempo de espera, así que no debes apresurar las cosas. Puede que ahora mismo el amor duela, pero también sana. El amor te fortalece y también se reinventa. Siente este proceso que va por dentro con calma y vence la ansiedad tomándote el tiempo necesario para el regreso.

MENSAJE MÁGICO: PROCESO DE INTROSPECCIÓN.

298

No vuelvas siempre al mismo punto. No sigas lastimando este amor. Confía en que el universo te dio las herramientas necesarias para crecer. Despega tus alas, saca lo mejor de ti y considera que el tiempo es tu mejor amigo para que después puedas usarlo como parte de un gran amor.

MENSAJE MÁGICO: PLANTA LA MEJOR SEMILLA.

299

Haz una lista de todo lo que sientes, aquello a lo que no diste importancia o que dejaste de hacer últimamente. Ordena tu mente y tómate un día de placer. Una vez que lo hayas hecho y puedas ver con claridad, estarás listo para materializar el tipo de amor que necesitas ahora, que quizás no es el mismo de ayer. El destino te pide claridad mental y que recuperes la fe tomando conciencia de lo verdadero.

MENSAJE MÁGICO: OBSERVA CON CLARIDAD LO QUE TE FALTA.

300

A veces, cuando dos personas se aman mucho, sienten calor en las manos al reencontrarse en sus pensamientos. Eso es algo que muy pocos perciben, una bendición. A través de este mensaje, el destino te invita a no tener miedo de la conexión de las almas, pues es una magia que pocos tienen el don de experimentar.

MENSAJE MÁGICO: CONFÍA EN LA CONEXIÓN.

301

Una mujer llora desconsolada, como si hubiese perdido algo muy preciado, por un hombre extraño, que jamás se entregó ni se manifestó desde un amor real. El destino te pide que salgas de la fantasía y de los engaños que pueden hacerte caer en un pozo sin salida.

MENSAJE MÁGICO: VIVE SOLO CON LO REAL.

302

Concéntrate en tus dones y tus talentos para recuperar tu autoestima. Prepárate para el momento en que estés listo para el gran amor. El destino te pide fe y confianza en tu camino, entendiendo que este proceso te traerá cambios y crecimiento.

MENSAJE MÁGICO: ESPERA.

303

Los apegos llevan a un amor caprichoso y celoso, lo convierten en limitación y dan protagonismo al control, que es el peor enemigo del sentimiento verdadero. No te quedes anclado en un espacio pequeño y limitado porque no podrás avanzar al futuro.

MENSAJE MÁGICO: ESTANCAMIENTO INNECESARIO.

304

Prepárate para la gran aventura, pues en este amor nacerán nuevas etapas de despegue y será un camino de largo recorrido. Todo te es favorable, así que avanza sin miedos y apostando con firmeza y seguridad por lo que está por venir.

MENSAJE MÁGICO: AVANZA CON SEGURIDAD.

305

Sana tu pasado tomándote el tiempo necesario para construir todo lo nuevo. Debes buscar y reinventarte las veces que sea necesario para poder crecer en esta nueva etapa. Confía en que todo irá bien, pero no vengas a esta nueva etapa con un cuchillo en el bolsillo.

MENSAJE MÁGICO: SÉ AMOROSO CONTIGO MISMO.

306

Conéctate con lo que hoy te hace sentir bien. El amor es algo tan verdadero y profundo que nadie podrá borrar sus huellas en el corazón. Tómate tu tiempo y espera que el tiempo haga su trabajo.

MENSAJE MÁGICO: CONFIANZA.

307

Es el momento de entender que cada alma que se cruza en tu camino es algo más que un propósito. Revisa si tu corazón está dispuesto a hacer el cambio y no pierdas más tiempo: el amor es la fuerza más poderosa que existe en el universo.

MENSAJE MÁGICO: AMOR PURO.

308

Comprende más a tu corazón y no te lastimes. Espera el tiempo que sea necesario para que todo vuelva a su lugar y para que el amor juegue un papel decisivo en tu vida.

MENSAJE MÁGICO: CONFÍA EN QUE EL DESTINO HARÁ SU TRABAJO.

309

El amor también es serenidad en momentos de desafío o cuando nuestro mar está agitado. El destino te pide que conectes con los momentos de paz y calma, que no tomes decisiones apresuradas y que armonices los pensamientos, porque el amor será magia en poco tiempo.

MENSAJE MÁGICO: ESPERA SERENA.

310

El ser humano jamás podrá borrar la fuerza del amor. Revisa qué necesitas para estar listo para un nuevo amor, si dejar atrás el pasado o cambiar la forma de amar.

MENSAJE MÁGICO: PREPÁRATE PARA EL CAMBIO.

311

Alinéate y prepárate para lo nuevo. Siente que no hay lugar para el pasado. Conecta la energía mágica del nuevo amor y confía en que el universo está haciendo su trabajo. Una nueva oportunidad va a llegar a tu vida.

MENSAJE MÁGICO: LO NUEVO.

312

Este amor que tanto quieres es recíproco y es tan fuerte que pasará por muchos desafíos, pero será imbatible. Aunque todavía te queda parte del trayecto por recorrer, confía en que nada hará que el final no sea un gran y único final feliz.

MENSAJE MÁGICO: FELICIDAD.

313

Cuida tu corazón. Tus guías espirituales te protegen y te ayudarán a apartar de tu camino todo lo que sea negativo y vaya en tu contra. Pide con fuerza y conecta con lo más simple y supremo: el amor, que ya no será posible borrar de tu vida.

MENSAJE MÁGICO: CONFÍA EN EL CAMBIO.

314

Recuerda cuánto te divertías antes con este amor, cuánta energía le daba a tu vida. Recuerda, pero sin olvidar que las cosas pueden cambiar, así que revisa si estás a gusto con lo que vives ahora. Haz una pausa, respira, conecta y decide.

MENSAJE MÁGICO: REVISA EL PASADO Y CÉNTRATE EN EL PRESENTE.

315

Amar con alegría es la bendición más hermosa que puede ocurrir. Es hora de que fluya tu corazón y saques los miedos que desordenan tus pensamientos.

MENSAJE MÁGICO: CONFÍA.

316

Percibir, conectarte o sentir es parte de las bendiciones de la vida. Siente este amor que está en la puerta de tu vida. Es la llegada a tu cambio. Vívelo con alegría y amor, dándolo todo y confiando en que lo que sucede es lo que realmente el universo tiene para ti.

MENSAJE MÁGICO: SIENTE LA BENDICIÓN.

317

El amor a veces nos pone a prueba y duele. No te desanimes ni creas que todo ha terminado. Confía en la batalla que estás pasando y que pronto será solo un recuerdo. Siente la protección de tus guías y toma impulso para lo nuevo.

MENSAJE MÁGICO: ES TIEMPO DE LUCHA.

318

Quizás lo que estás viviendo ahora es parte del final de una historia, y siempre que hay un final llega un nuevo amanecer. No temas; llegó el momento de dejar atrás lo que ya no vibra y de iniciar el despegue hacia lo nuevo. No tardarás en descubrir el amor.

MENSAJE MÁGICO: DA LA BIENVENIDA AL AMANECER.

319

Los caminos van avanzando y las historias van afianzándose. Confía en lo que la vida te propone, confía en el amor que diste y espera que todo fluya a tu favor. Pronto entenderás mucho de lo que está ocurriendo ahora.

MENSAJE MÁGICO: CONFÍA EN EL CAMINO.

320

Cuando uno pide un amor al universo, este le escucha y, entonces, cuando llega el momento de relacionarse con amor, se hace con armonía y se construyen vínculos. Hazte responsable de tus pedidos y también de cómo quieres que sea el gran amor de tu vida.

MENSAJE MÁGICO: RESPONSABILIDAD.

321

Prepárate para vivir una nueva y mágica aventura en la que podrás vibrar con la mejor energía. Tu fe será tu vehículo y tu alegría, la ropa que llevarás puesta. El amor está a punto de llegar y en breve será el mayor protagonista.

MENSAJE MÁGICO: LA MAGIA DE LO NUEVO.

322

La vida está llena de cambios apasionados y sorpresas. Permítete vivirla con alegría y sorpresa y conectando con el amor.

MENSAJE MÁGICO: CONECTA CON LA MAGIA.

323

Cuando dudes si seguir o no, o cuando no sepas si lo que sientes es real, conecta con la magia y confía en que todo sea real y verdadero, así abrirás puertas nuevas a las cuestiones del corazón.

MENSAJE MÁGICO: LA FORTALEZA DE LA MAGIA.

324

Hoy estás listo para volver a experimentar el sentimiento más poderoso del mundo: el amor. Toma impulso y conéctate con la esperanza. El sentimiento viejo te dejará en un lugar negativo, así que deja de buscar en los cajones viejos del pasado y conéctate con la brisa de lo nuevo, que en pocas palabras es la fuerza del amor.

MENSAJE MÁGICO: VIVE LO NUEVO.

325

A medida que avanzabas, la luz y el camino se fueron volviendo más claros. Hoy la vida te propone seguir por esa ruta y recordar cuál es tu verdadero propósito, tu verdadero faro. Todavía no eres totalmente libre, pero estás listo para los cambios que se aproximan y que te proponen un nuevo panorama.

MENSAJE MÁGICO: SIGUE LA LUZ VERDADERA.

326

Cortar los lazos del pasado es parte del desafío del presente; prepararse para descontaminarse y tomar un nuevo camino es la bendición más grande que puede ocurrir. Llega el mejor plan para ti y de la mano de ese cambio llega el amor.

MENSAJE MÁGICO: LLEGA LO NUEVO.

327

Siente la energía de la protección espiritual, siente la magia que siempre pone su vara para los momentos de prueba y confía en el amor. El amor cambiará tus días, así que ¡vívelo con alegría!

MENSAJE MÁGICO: PROTECCIÓN ESPIRITUAL.

328

El gran salto llega a tu vida. La magia del amor y lo supremo te llevará con fuerza hacia delante, te hará alcanzar lo nuevo y positivo y descubrirás una manera diferente y más clara de amar.

MENSAJE MÁGICO: ABRE CAMINOS Y CONFÍA EN LO NUEVO.

329

Da el primer paso en este vínculo de amor, pasión y alegría. Deja de ponerle tanta mente a lo que va a pasar y usa lo más valioso que tiene el ser humano: el amor.

MENSAJE MÁGICO: UN PASO ADELANTE.

330

Minimiza los momentos de prueba y no te quedes en el dolor, pues la nostalgia te sitúa en un lugar de soledad y vacío que no deja espacio para lo nuevo. Para recuperar la confianza y el amor verdadero, tienes que echar a un lado las malas experiencias y confiar en que muy pronto llegará el milagro.

MENSAJE MÁGICO: RECUPÉRATE.

331

Aceptar lo que la vida te propone es decir sí. Dar la bienvenida a los momentos nuevos es bendecir aquello a lo que la vida dice sí. ¡El amor puro siempre afirma con un sí! Sé feliz y aprende de nuevo.

MENSAJE MÁGICO: HOY, DI QUE SÍ.

332

Toma una decisión que te haga feliz, que suponga un avance en tu vida y esté acorde a lo que necesita tu corazón. Desintoxicarse es parte del proceso de tu cambio y solo así estarás listo para que el amor vuelva con fuerza y sin medida.

MENSAJE MÁGICO: DECISIONES.

333

Para aclarar tu barullo interior primero debes saber si quieres este cambio. Para sentirte nuevamente amado debes tener claro qué tipo de amor necesitas. Los sentimientos siempre son movilizadores, pero antes de avanzar debes poner orden en el alma.

MENSAJE MÁGICO: REVISA TU INTERIOR.

334

Llegó el momento de hablar y de expresar las inquietudes de tu corazón sin tener miedo a las respuestas, pues un corazón sin cargas ama sin medida y de forma plena. Confía en lo que sientes y habla con el corazón desde el corazón.

MENSAJE MÁGICO: ES EL MOMENTO DEL CORAZÓN.

335

Si quieres un gran amor, pídelo con fuerza. Si quieres que este amor se quede para siempre, confía en ti mismo y acepta solo lo que te hace feliz. Estás listo para avanzar, pero recuerda que, antes de amar a otros, debes amarte a ti.

MENSAJE MÁGICO: LA PRIORIDAD ERES TÚ.

336

Intenta tomar una actitud simple pero ética, donde el amor sea respetado desde un principio y donde lo que necesites sean valores basados en el respeto y en el amor. Si te respetas a ti primero, todo será un éxito.

MENSAJE MÁGICO: RESPETO.

337

No te desanimes ni dejes que tus desilusiones caigan como cataratas. Estás en un proceso doloroso, pero esta transición es sanación y evolución para lo que va a llegar a corto plazo.

MENSAJE MÁGICO: CONFIANZA.

338

Toma una decisión cuanto antes. ¿Te vas a quedar conformándote o vas a avanzar hacia lo que realmente necesitas? El amor se vive y, si no te sientes correspondido, no serás feliz.

MENSAJE MÁGICO: DECIDE.

339

Todo lo que piensas se materializa y todo lo que deseas se cumple. Habla claro de tus necesidades y de lo que hoy necesitas para sentirte amado. Pide y exprésate para que el universo y el otro hagan su trabajo.

MENSAJE MÁGICO: PIDE CON FUERZA.

340

Tolerar te pone en el lugar de recibir menos de lo que mereces. Revisa qué necesitas para ser feliz y habla de frente y con el corazón en la mano. Solo así recibirás la respuesta justa y en poco tiempo.

MENSAJE MÁGICO: PIDE PARA RECIBIR, ES EL MOMENTO.

341

Todo lo que recibes es la respuesta a lo que proyectas: si emites amor, solo el amor se acercará a ti; si emites dudas, jamás podrás resolver cuestiones del corazón.

MENSAJE MÁGICO: PROYECTA LA CLARIDAD.

342

El amor ha llegado a tu vida y está golpeando tu puerta. ¿Estás listo para abrirla? ¿Estás listo para dar el paso? ¡No dejes pasar esta oportunidad!

MENSAJE MÁGICO: APROVECHA EL TIEMPO.

343

Aquello a lo que te resistes, persiste. Por eso, deja de presentar resistencia a lo que necesita un cambio, a lo que ya cumplió su cometido. Toma impulso de una vez por todas y ve hacia el cambio.

MENSAJE MÁGICO: AHORA ES EL MOMENTO.

344

Si te respetas, todo será respeto. El amor es una planta que crecerá siempre cuando te ames a ti primero y cada día construyas un vínculo de evolución. Habla claro y respeta tu corazón.

MENSAJE MÁGICO: ÁMATE PARA EVOLUCIONAR.

345

¡Llegó el cambio! El amor es lo más importante del mundo y ahora tu mundo vibra con mucha fuerza. Alégrate y deja el pasado atrás, porque estás en el camino correcto.

MENSAJE MÁGICO: DA LA BIENVENIDA AL CAMBIO.

346

No hay nada más poderoso que el amor genuino, el amor incondicional, el amor que todo lo puede. Disfruta este amor que está por llegar; hazlo sin dudas, confiando en lo que diste al universo, creyendo en tu gran merecimiento, y alégrate.

MENSAJE MÁGICO: LOS BUENOS TIEMPOS LLEGAN.

347

No tomes decisiones apresuradas. Quizás solo estás en proceso de ver con claridad cuál es tu destino. Confía en todo lo que diste y en lo que tu corazón realmente necesita. Nada termina aquí, nada llegó a su fin, solo está transformándose para algo mejor.

MENSAJE MÁGICO: TRANSFORMACIÓN.

348

Disfruta lo que te propone la vida y haz que este amor sea bello, sano, alegre y positivo. Siente cómo las bendiciones se acercan y ama con el corazón y sin dudas. Ama tanto que solo puedas ser feliz.

MENSAJE MÁGICO: AMA CON TODAS TUS FUERZAS.

349

Dos personas que se aman jamás podrán separarse, por más que vengan grandes terremotos o que el ser humano intente desunirlos. La unión de las almas viene marcada por el destino y es tan fuerte que nada puede limitarla.

MENSAJE MÁGICO: EL AMOR ROMPE BARRERAS.

350

Lucha por lo que deseas y confía en el amor que diste. El amor es más fuerte y poderoso que nada. Caminas sobre suelo firme, así que sigue construyendo esta historia y confía en las señales de tu corazón.

MENSAJE MÁGICO: ESTÁS EN AMOR.

351

Los celos siempre son negativos para la continuación de un camino. Piensa bien la decisión que vas a tomar y no te apresures. Usa tu corazón como arma poderosa para poder ser feliz en pareja. .

MENSAJE MÁGICO: TOMA LAS DECISIONES CORRECTAS.

352

Nada pasa por casualidad, todo tiene un porqué. Lo que te sucede es parte del destino. El amor vino a cumplir un gran desafío en tu vida, cree en lo que das y ama sin medida.

MENSAJE MÁGICO: NO EXISTEN LAS CASUALIDADES.

353

Ahora que has llegado tan lejos, que has llegado hasta aquí, no te precipites ni decidas sin pensar. Siente el amor verdadero y sigue construyendo bases sólidas para esta unión tan fuerte.

MENSAJE MÁGICO: ESTÁS EN EL CAMINO CORRECTO.

354

No te quedes bloqueado frente a todos cuando vean tus cambios. Has logrado tener claro tu camino y ahora viene la etapa en la que llegará el amor para que avances poderosamente y sigas marcando tu camino. Pronto estarás muy bien en pareja.

MENSAJE MÁGICO: LO NUEVO ESTÁ POR VENIR.

355

¿Cómo te sientes vibrando junto a tu persona amada? ¿Qué os hace falta para conectar? Vuelve al pasado y revisa cuál era tu propósito, qué os unía y os conectaba. A veces, uno debe retroceder para avanzar. ¡Hazlo! Habla con tu verdad y deja que triunfe el amor.

MENSAJE MÁGICO: REVISA LO QUE ESTÁ SUCEDIENDO.

356

El amor llegó a tu vida para cambiar tu camino y hacerte feliz, no para que le tengas miedo. Deja de pensar tanto y concéntrate en sentir más.

MENSAJE MÁGICO: EL AMOR ES FUENTE DE PLACER.

357

¡Alégrate! Estás en una etapa donde el amor juega un papel importante. Pronto tendrás esa noticia que esperas o esa llamada. Activa tu corazón y disfruta lo nuevo.

MENSAJE MÁGICO: EL AMOR ES LO MÁS HERMOSO.

358

Solo estás en un intervalo, en un momento de transición, en una etapa donde todo se congela, pero en breve se transformará y habrá una gran continuidad.

MENSAJE MÁGICO: EL AMOR SE HACE ESPERAR UN POCO.

359

Llegan tiempos de alegría y prosperidad. El amor ganó casi todas las batallas y juntos estáis a un paso de una gran noticia. Confía en lo que la vida te presenta y siente la energía de la magia como propia.

MENSAJE MÁGICO: EL MOMENTO ES AHORA.

360

Llega la noticia que tanto esperabas, un gran nacimiento fruto de este amor tan fuerte que todo lo puede. Algo nuevo os unirá más y con más fuerza. Vienen tiempos de disfrute y alegría. ¡A prepararse!

MENSAJE MÁGICO: NOTICIAS POSITIVAS.

361

La justicia divina existe y las malas decisiones traen sus consecuencias. Lo que hoy te hace llorar tanto pronto dará un giro a tu favor. Respira y pide asistencia al cielo.

MENSAJE MÁGICO: AYUDA SUPREMA.

362

Manifiesta tus deseos y trasmite amor. Deja de pensar, de dudar o de ponerle tanta cabeza a las cuestiones del corazón. Pronto tendrás las señales para seguir ese amor que tanto te importa, pero debes actuar.

MENSAJE MÁGICO: MANIFIÉSTATE.

363

Demostrar amor no es vergonzoso, y menos cuando el destino hizo su trabajo para que tú y tu ser amado os cruzarais. Habla desde el corazón y verás muy buenos resultados a corto plazo. Piensa y demuestra intensamente lo que tu corazón tiene para dar.

MENSAJE MÁGICO: EL AMOR SE DEMUESTRA.

364

Nada es igual a nada, y ahora llegan momentos mejores en los que tu alma estará en sintonía directa con el universo. Confía y ama, porque esta unión tendrá la gran oportunidad de estar muy bien.

MENSAJE MÁGICO: NUEVOS MOMENTOS.

365

Llegó tu momento de cambio. Estate listo para el gran y nuevo amor, un nuevo camino de alegría, donde todo lo que llegue será tu recompensa. Disfruta mucho y sé lo más feliz que puedas.

MENSAJE MÁGICO: EL CAMBIO ES AHORA.

366

Hay algo que necesita ser transformado. Es el momento de tomar decisiones y avanzar. Transforma tu alma en una fuerza poderosa y verás cómo el amor le sienta divinamente.

MENSAJE MÁGICO: TRANSFORMACIÓN.

367

Cuando dos almas se encuentran en su totalidad, nada ni nadie puede separarlas, porque nadie puede desunir el amor. Confía y protege cada paso que construyas junto a tu pareja en el futuro cercano.

MENSAJE MÁGICO: LA FUERZA DE LA UNIÓN.

368

Cuando un alma es leal, nadie puede pasar por encima. Cuando una unión se basa en la bondad, jamás tiene un final negativo. Confía en lo que cosechaste y espera el tiempo necesario para ver con claridad el camino.

MENSAJE MÁGICO: LA BONDAD ES EL CAMINO.

369

Hay muchos tipos de amor y muchas maneras de amar a alguien, así que respeta lo que pueden ofrecerte en este momento. Quizás en un tiempo las cosas estén más claras y tú puedas avanzar con claridad y con tu gran merecimiento.

MENSAJE MÁGICO: ENTIENDE QUE CADA UNO TIENE SUS MANERAS Y SUS TIEMPOS.

370

Somos energía y nos conectamos a través de ella. Háblale al alma de la persona amada y, en silencio, dile cuánto la amas. Bendice esta relación confiando en que todo es más fuerte y poderoso que lo que vemos materializado.

MENSAJE MÁGICO: ERES PURA ENERGÍA.

371

La comunicación es la base de cualquier relación. Habla de amor desde el amor y avanza, porque nada es más poderoso que este sentimiento incondicional, capaz de superar cualquier obstáculo.

MENSAJE MÁGICO: HABLA DESDE EL CORAZÓN.

372

Sé respetuoso contigo mismo, sé fuerte y espera una respuesta. En breve podrás ver con claridad cuál es el verdadero sentimiento que te une al otro.

MENSAJE MÁGICO: CONFÍA EN EL AMOR.